Michael Norbert Schenk

ich bin so frei

Antworten auf Fragen nach Gott und der Welt sucht Michael N. Schenk in seinem Buch»ich bin so frei«. So wie ihn der Terroranschlag vom 11. September 2001 hautnah die Urgeschichte der Zerstörung des Turms zu Babel spüren lässt, laden den Leser immer neue Vergleiche zum Mitdenken ein. Die Auseinandersetzung des Autors mit Eindrücken, Erfahrungen und Überlegungen des täglichen und des nicht alltäglichen Lebens provozieren Erkenntnisse über kleine und große Zusammenhänge und das eigene Dasein. Das Leben als Bewegung, als ständigen Wechsel sehend, so nimmt der Leser teil an der Welt- und Glaubenssicht des Autors, die weit über positives Denken hinaus geht. Mit der Lektüre des Buches bietet sich die Chance, nach spannenden und nachdenklichen Momenten die Erfahrung eines – freiwilligen oder unfreiwilligen – Neuanfangs als Geschenk begreifen zu können ... Signal und Hilfe zugleich in unserer wechselhaften Zeit!

Michael Norbert Schenk

ich bin so frei

Gedanken über Gott und die Welt

2003

Satz und Layout: Buch & medi@ GmbH, München
Umschlaggestaltung: Kay Fretwurst, Spreeau
Herstellung: Books on Demand GmbH, Norderstedt
Printed in Germany
ISBN 3-8330-0825-3

KHK

Inhalt

Vorwort

Du hör mal, heute Nachmittag ist mir eine Idee gekommen: Schreib doch einmal ein Buch. Du hast so viele Gedanken, die für dich und für andere wichtig sind. Schreibe sie auch für andere auf!« Konfrontiert mit einer solchen für mich überraschenden Aufforderung, sich schriftlich mit meinen gedanklichen Bewegungen auseinander zu setzen, die dann auch noch bekannten und zu meist eben unbekannten Menschen wertvoll sein sollen, entwickelten in mir so etwas wie Verblüffung, Herausforderung und Aufgabe in einem. Würde ich mich doch durch das Medium Buch bekannterweise in die Hand anderer und damit in »Be-wertung« begeben. Meine Skepsis wurde am Ende besiegt, als mir in weiteren Gesprächen deutlich wurde, dass ich im Mitteilen der eigenen inneren Welt- und Glaubenssicht einen bescheidenen Beitrag am immerwährenden Aufbau menschlichen Lebens leisten darf.

Die folgenden zu Papier gebrachten Überlegungen, Eindrücke und Erfahrungen sind intuitiv gewählt und behandeln subjektiv wichtige Themenbereiche des Verfassers. Sie streben weder nach Absolutsetzung, noch verlangen sie in irgendeiner Form eine dogmatische Abgleichung. Sie sind entstanden als *Zwischenbilanz* aus einem Prozess individuellen Lebens, sind Teil eines Ganzen und bleiben dennoch weiterhin prozessual und damit veränderlich. Sie sind vergleichbar mit einem Ausflug in das Glaubensleben eines Menschen, der mit 34 Jahren innehält und sich nachhaltige Fragen zu Gott und der Welt stellt, deren letztlich gültige Antworten auch er nicht in den Händen halten kann und will.

Mitunter wollen diese Fragen Denkanstöße sein, an denen ich mich selbst habe stoßen müssen und von denen ich mich auch immer wieder stoßen lassen möchte.

»ich bin so frei« ist die Einladung an alle, Gedanken und Bilder aus einem anderen, meinem persönlichen Blickwinkel heraus zuzulassen und sie vielleicht sogar einmal anders oder neu zu sehen.

All jenen, die sich durch dieses Buch angesprochen, vielleicht sogar verstanden fühlen, möge es ein Beitrag sein, der Vielfältigkeit des Lebens und damit des Glaubens begegnen zu können – eine kleine, inspirative Quelle zur Beantwortung eigener Fragen. In diesem Sinne wünsche ich allen Leserinnen und Lesern die Erfahrbarkeit eines Wortes meiner eigenen Verkündigung, das ich mir selbst immer wieder vor Augen zu halten versuche: Leben ist nichts Statisches – Glaube ist Bewegung.

Hamburg, 21. Februar 2003

Kapitel 1

»Das Denken ist ein Funke,
der vom Schlag des Herzens entfacht wird«
Weish 2,2

Jeder Mensch wird sich schon einmal bei seinen zuweilen grüblerischen Gedanken über die größeren und kleineren Zusammenhänge im Leben ertappt haben. Das Denken ist eine wunderbare Gabe an den Menschen. Der eine oder andere erlebt dies als Freude. Manchmal jedoch, unter bitteren Lebensbedingungen, wird dies auch als Belastung erfahren. Auf der Suche nach den Antworten auf die wirklich wichtigen Fragen menschlicher Existenz, nach seiner Herkunft und nach seiner Zukunft, nach seinen Schwächen und Stärken und seinem damit verbundenen Leben betritt der Mensch durch sein Denken einen ungeahnten Raum gedanklicher Vielfalt.

Doch das Denken oder die Gedanken sind nie so ganz frei, wie es ein berühmtes Volkslied glauben machen will. Denn die Sichtweise von Gott und der Welt zentrieren sich jeweils einmalig im Denken des Einzelnen. Die Gedanken beherbergen immer persönliche Züge. Daher können sie auch niemals letztgültige Wahrheit sein. Allerdings werden sie dann als frei erfahren, wenn sie den engen von Menschen gesetzten Rahmen sprengen. So wächst im Raum menschlicher Gedanken die menschliche Persönlichkeit zum Individuum.

Das jüngste Buch des Alten Testamentes, das Buch der Weisheit – geschrieben zwischen 80 und 30 vor Christus – gibt Einblicke in die erstaunliche Weite eines uns unbekannten orientalischen Denkers. Nicht umsonst hat dieses Zeitdokument alttestamentlicher Weisheitsliteratur durch die Erhabenheit der schriftlich niedergelegten Gedanken seinen Einzug in die Sammlung der Bibel gefunden. Ein Blick in dieses Buch ist somit höchst lohnenswert.

Was mich allerdings viel mehr erstaunt, ist die Bescheidenheit des Autors – und das trotz aller kognitiven Leistung. Nur ein wirklich Weiser kann die folgenden Worte sprechen: »Auch ich bin ein sterblicher Mensch wie alle anderen (…). In Windeln und mit Sorgen wurde ich aufgezogen; kein König trat anders ins Dasein.«[1] Wer sich selbst so in den Kontext des Lebens stellt und dadurch die Freiheit seiner Gedanken wahrt, bleibt ein wirklich Hörender. Er wird dem Herzschlag des Lebens lauschen, auch im Wissen um das Vergängliche.

Vielleicht, liebe Leserin und lieber Leser, verstehen Sie daher die Wahl des Titels dieses Kapitels. Im Wissen um die fortschreitende Erkenntnis, die niemals still steht und immer auf der Suche nach neuen Orten menschlicher Gedankenräume ist, bleibt auch diese großartige Gabe, dem Inneren Ausdruck zu geben, immer nur

1 Vgl. Weish 7, 1-6.

»Stückwerk«. Mag auch das Herz des Einzelnen einmal aufhören, Impulse zum Denken zu geben – um im Bild des oben zitierten Wortes zu bleiben –, so wäre unsere Welt ohne solche zahlreichen, beherzten »Fünkchen« ein trostloser, dunkler Gang.

Wie abenteuerlich allerdings die gedankliche Gratwanderung zwischen Jenseits und Diesseits, zwischen Geist und Materie sein kann, zeigt die uralte Frage nach dem, den wir Gott nennen. Oft genug reduziert auf die Frage: »Wo bist Du, Gott, gewesen?« müsste sich der Mensch doch vielmehr die Frage nach diesem Gegenüber stellen. Nicht deshalb, weil er ihn so oft vermisst, sondern weil sich, wenn der Mensch ihn verstanden hätte, die Frage nach dem »Wo bleibst Du?« erledigt hätte. Daher lautet auch meine Frage eher:

Wer bist Du, Gott?

Wie schon erwähnt, beschäftigt wohl keine andere Frage die Menschen auf dieser Welt seit Anbeginn so sehr wie die Frage nach der Existenz eines höheren Wesens, dem man allgemein gültig, allerdings unter Verwendung verschiedener Deutungsvarianten, den Begriff Gott zugeteilt hat. Sicherlich gehört es zum Schwierigsten überhaupt, von oder über jemanden oder etwas … zu reden, dass oder der oder die … Gott ist – und eben nicht Mensch! Wäre dem nicht so, wäre Gott in das Kalkül unseres menschlichen Verstandes eingegrenzt, vermenschlicht und dadurch entgöttlicht. Und logischerweise wäre ein solcher Gott, so er denn wahrhaft existierte, weder ein Gott unfassbarer Größe noch Kleinheit (denn es würde zur Größe Gottes ja nur dann gereichen, wenn er sich auch unfassbar klein machen und in die allertiefste Tiefe eindringen könnte …). Ein solcher Gott wäre in der Tat ein Konstrukt unserer Einbildungskraft, abhängig vom Willen und den Wünschen der Menschen, vielleicht sogar nur der Mächtigen dieser Welt, und kein Wesen völliger Selbstexistenz – unabhängig von unserem menschlichen Geist.

Wie sehr wir Gefahr laufen, Gott immer noch zu instrumentalisieren, ihn seiner Göttlichkeit durch unsere Kleingläubigkeit zu berauben, wiederholt sich in beschämender Weise in der gesamten Menschheitsgeschichte bis auf den heutigen Tag. Deutlichstes Beispiel sind die fast schon abartigen Instrumentalisierungen Gottes, die es erlauben sollen, sogar eine Tat wie den 11. September zu legitimieren. Ausnahmslos alle Religionen dieser Welt haben in ihrer Vergangenheit und Gegenwart eine derartig große Hypothek auf sich geladen, dass der Blick auf die Einzigartigkeit eines befreienden Glaubens an Gott mehr als verdunkelt ist. Es scheint, dass die wunderbare Gestalt Gottes bis zur Unkenntlichkeit seziert ist. Aber wir brauchen nicht in die große Welt zu schauen. Jeder von uns kennt die wirkliche Versuchung, in den passendsten und unpassendsten Momenten Gott für alles verantwortlich zu machen, ihn zur Rechenschaft zu ziehen, ihn argumentativ für die eigenen Zwecke zu missbrauchen. Das, was er sein soll, das, was Gott ist, oder vielmehr das, was er ja eigentlich nicht ist, haben wir, klug wie wir Menschen sind, eingesperrt in die Kammern unseres begrenzten Denkvermögens, wohl verpackt in dogmatische Formeln und komplizierte Glaubens- und Lehrsätze.

Und dies ist nicht nur als historisch gewachsenes Phänomen, beispielsweise bei den Großkirchen, zu beobachten. Jedem Einzelnen von uns sitzt ein treues »Lehramt« inne, das es erlaubt oder nicht erlaubt – nach Abschätzung der jeweils eigenen Urteilskraft – Gott für das einzusetzen, wozu man ihn gerade gebrauchen oder missbrauchen kann.[2] Ein Wunder, dass Gott es immer schwerer hat, Gott sein zu dürfen? Der Prophet Jeremia lieh Gott einmal sein Wort, indem er sagte: »Bin ich denn nun ein Gott der Nähe, bin ich nicht auch ein Gott der Ferne?«[3] Die Freiheit, die Gott sich hier nimmt, ein fern stehender und unbegreiflicher Gott zu sein, in die Distanz zu seinem Volk und so auch zu seiner Kirche gehen zu können, ist keineswegs ein Widerspruch. Die

2 Wie mahnend und wahr erscheint dazu das erste Gebot aus den so genannten zehn Geboten »Du sollst den Namen des Herrn, deines Gottes, nicht missbrauchen.« Dtn 5, 11 ff.

3 Jer 23, 23.

Freiheit zu kommen und zu gehen ist vielmehr ein zentrales Element einer wahren partnerschaftlichen Beziehung im sich vertrauenden Miteinander. Der souveräne Gott behält sich sein Gottsein vor und beweist dies sogar in der Umkehrung seiner Freundschaft zum Menschen.

Die Sehnsucht nach Gott als dem Freund des Menschen bleibt auch heute ungebrochen. Zu Tage aber tritt ein neues, verändertes Bewusstsein im Bezug auf ihn und somit auf die Welt. Ich teile die Auffassung vieler, die sagen, der Mensch von heute glaube nicht weniger als die Menschen vergangener Zeiten. Allerdings hat sich das Glaubens- beziehungsweise Gottesbild deutlich zu Ungunsten des von den Kirchen gelehrten Gottesbildes verschoben. Der Glaube an Gott ist individueller, vielschichtiger und bunter, damit zugleich aber auch fragiler und verzerrter geworden. Eine Loslösung vom Glaubensgut des christlichen Gottesbildes allerdings scheint ebenso wenig befriedigende und befreiende Antwort zu geben wie eine Rückkehr in eine restaurativ erstarrte Gottesvorstellung vergangener Jahrhunderte, unter Umständen sogar untergegangener Kulturen. »Wer bist Du, Gott?« – schreiben wir tagtäglich ein Leben lang mit großen Lettern in den Himmel und hoffen einmal auf eine gesicherte Antwort. Dass der Mensch »unheilbar religiös« sei, ist längst nicht die alleinige Erkenntnis eines Nicolai Berdjajew. Der große katholische Theologe des 20. Jahrhunderts, Karl Rahner, hat dies einmal in einem Bild mit Antennen verglichen, mit denen Menschen fast schon seismografisch immer schon nach Gott suchen.

Vielleicht ist es aufschlussreich, einen kleinen Abstecher in die Evolution unseres Geistes zu machen, die in den entscheidenden Diskussionen über den Glauben der Menschen an einen Gott und seiner damit verbundenen Religiosität viel zu oft außer Acht gelassen wird. Denn neben der biologischen Evolution, unserer Entwicklung vom Tier zum Menschen in Raum und Zeit, die als konkret zu beobachtende und damit messbare Entwicklung in mehreren Stufen heute zum allgemeinen Credo gehört, musste logischerweise parallel ein Evolutionsprozess unseres Geistes oder besser unseres Bewusstseins einhergehen.

Ethnographen und Kulturhistoriker können ein reiches Bild in der Stufenfolge geistesgeschichtlicher Entwicklung bis auf den heutigen Tag malen. Die einzelnen Entwicklungsschritte vom Tier zum Menschen, von der Steinzeit bis zum Mittelalter, vom Beginn der Neuzeit bis zur Moderne, ich möchte behaupten: bis zur Postmoderne, zeugen von evolutionären Entwicklungsprozessen, von denen auch das religiöse Verständnis und damit der Glaube an Gott nicht unberührt geblieben ist. In diesen Zeiträumen geistiger Entwicklung hat der Mensch mehr und mehr, ausgehend von mythischen Erzählungen, die als wahre Begebenheiten aufgefasst wurden, durch seine verstandesmäßige Leistung neuere inhaltliche Erkenntnisse in sein Bewusstsein eingeordnet und integriert. Und so natürlich an die nächste heranwachsende Generation weitergegeben.

Dazu folgendes Beispiel: Wie sehr wir gerade als gläubige Juden und Christen gleichermaßen immer noch den schmerzlichen Spagat zwischen der wortwörtlichen Auffassung der Entstehung der Erde, wie uns das Buch Genesis in der berühmten »Sieben-Tage-Erzählung« berichtet[4], und dem mittlerweile erbrachten Beweis einer Milliarden Jahre langen Entwicklung der Erde auszuhalten haben, macht das Dilemma überdeutlich[5]. Gerade die historisch-kritische Bibelwissenschaft, eine der relativ jungen Disziplinen innerhalb der Theologie, ermöglicht langsam einen neuen Zugang zu den eigentlich verborgenen Schätzen dieser alten Texte. Es wird noch lange brauchen, bis sie sich vom Ballast des Missbrauchs, in ihnen einen naturwissenschaftlichen Tatsachenbericht zu sehen, erholt haben. Nicht von ungefähr fragen immer noch Jugendliche, wie ich es selbst im

4 Gen 1, 1 ff. Interessant und auffallend ist hierbei, dass schon im zweiten Kapitel des Buches Genesis eine völlig andere, sogar viel ältere Schöpfungsgeschichte dem Bibelleser zur Lektüre angeboten wird. Offensichtlich verbietet sich eine wortwörtliche Auffassung der Entstehungsgeschichte unseres Planeten von biblischer Seite von vornherein. Weniger erlaubt war von Anfang an die Frage, wer von den Autoren wohl Recht mit seiner Schöpfungslehre hatte, als die nach dem geistigen Gehalt hinter solchen Erzählungen, *warum* also die Erde entstand und *warum* sie so ist, wie sie ist. Dies wurde als Schlüssel für das Begreifen dieser biblischen Textzeugnisse zur Hand genommen.

Religionsunterricht so oft erfahren musste, wie es sein könne, dass die Kirche – wer auch immer mit einer solchen Aussage gemeint ist – mit ihrer Lehre über die Entstehung der Erde lüge.

Ein entscheidender weiterer Schritt in der Bewusstseinsevolution war der Nachweis eines unbewusst geistigen Systems im Menschen. Die durch die Zeit der Aufklärung gerade durch Kant eingesetzte erkenntniskritische Bewegung gipfelte in dem Nachweis des Unbewussten. Auch die Naturwissenschaft kam zu diesem folgeschweren Ergebnis. Dass das Bewusstsein des Menschen in einer Wechselwirkung mit seinem Unbewussten steht, war eine geradezu revolutionäre Entdeckung, die in der jüngsten »Geistes«wissenschaft, der Psychologie, systematisiert wurde und so ihren Niederschlag fand. Die im Unbewussten des Menschen befindliche fließende Führungsinstanz, wie ich sie vereinfachend nennen möchte, hat es ihm von Anbeginn der menschlichen Existenz an ermöglicht, sich das Wissen und Begreifen der sichtbaren Welt und sogar der unsichtbaren (metaphysischen) Welt zu Eigen zu machen.

Jeder von uns wird in analoger Weise diese Feststellung an sich selbst beobachten können. In den jeweils persönlichen Entwicklungsstufen vom Kind zum jungen Erwachsenen, vom jungen Erwachsenen bis zum alten Menschen, sind nicht nur äußerliche Veränderungen

[5] Eine weitere Betrachtung zur Genesis unter dem Punkt »Das verlorene Paradies«.

erkennbar. In den unendlich vielen Gesprächen gerade mit älteren Menschen – auch am Kranken- oder Sterbebett – gaben mir viele vertrauensvoll einen Einblick in die jeweils individuelle Entwicklung ihres Denkens und Glaubens. Die Ereignisse des Krieges, Vertreibung oder Gefangenschaft, der Verlust des geliebten Partners durch Tod, die Diagnose einer unheilbaren Krankheit haben oftmals tiefere Spuren hinterlassen, als man sich zu Anfang eingestand. Sogar der Abschied vom Glauben an das Christkind in den lange zurückliegenden Kindheitserinnerungen wurde als durchaus schmerzvoll, aber heilsam reflektiert, weil er im Nachhinein zu einem erwachseneren und gereifteren Glauben geführt hat. Interessanterweise hat sich gerade bei jenen der Glaube mehr gefestigt im Sinne einer religiösen Weite, die sich in Offenheit auf die niemals planbaren Begebenheiten des Lebens einseitig oder naiv festgelegt haben. Vielmehr brachte eine teilnahmsvolle Selbstreflexion der Sinnfrage ihres Daseins und ein bewusstes »Ich-stelle-mich« unbewusst (!) die Wende im Leben. Wie oft schon kam mir der Satz zu Ohren: »... und später erst habe ich gemerkt, wie hinter allem ein tieferer Sinn steckte.« Von daher kann ich das Leben eben nicht als etwas Statisches und den Glauben nur als Bewegung erkennen. An solchen Menschen durfte ich im wahrsten Sinne des Wortes einen tragfähigen, fast schon glanzvollen Glauben erahnen, der sich, ohne die sicherlich schwer zu ertragenen Schicksalsschläge in irgendeiner Form schön reden zu wollen, der Würde des Menschen als entsprechend bewies.

Wer sich diese persönlichen Geschehnisse in offener Weise eingesteht, wird erkennen, wie sehr jedes einzelne Leben in der Verantwortung vor dem Willen zur Veränderung und damit zur Reife menschlichen Lebens und des geistigen Wachstums gelebt werden möchte. In der Umkehrung heißt das, dass ein rein auswendig und nicht auf das Leben übertragenes Glaubensgebäude ein Kunstgebilde bleibt. Es bleibt leer, kalt und führt den inneren Menschen vom Zentrum des pulsierenden Lebens in den lebendigen Tod. Nicht umsonst verlassen viele heute enttäuscht die Kirchen, weil der Gott der Gelehrten und Paragrafen anscheinend so wenig mit dem Leben da draußen zu tun hat. Dass gerade die Befähigung zum Leben mittels des Glaubens den Reichtum der christlichen Botschaft ausmachen müsste, scheint in weite Ferne gerückt. Den durch ihr persönliches Lebenszeugnis abgedeckten Glaubensgeheimnissen der der Weltöffentlichkeit unbekannten Menschen verdanke ich in unschätzbarem Maße den Mut zum Wagnis des Glaubens an einen Gott, der sämtliche Wertmaßstäbe und Grenzen durchbricht. In der Schlichtheit ihres Lebens hat schon so mancher den Großen und Mächtigen dieser Welt deutlich gemacht, dass das Wissen um die Führung Gottes weder allein aus Büchern noch aus frommen Rezitationen – so hilfreich und wichtig diese auch sein mögen – gewonnen werden kann.

Die sich gerade aus dem jüdisch-christlichen Mythos herausbildende Gottesgestalt zeugt von den mannigfaltigen Entwicklungsprozessen, anhand deren wir behutsam und fast schon ehrfurchtsvoll ablesen dürfen, wer Gott in Wahrheit ist. Die nur grob im Folgenden aufgezählten »Stationen« unterstreichen, was ich zu sagen versuche: vom anfänglich archaisch aufgefassten Weggott im Nomadentum eines Volksstammes im Vorderen Orient über die Wüstenwanderung bis hin zur Besitznahme des Gelobten Landes. Dort, wo er sich als ein Gott in seiner Selbstaussage am Berg Sinai als ein menschennaher, aber durchaus eifersüchtiger Gott mit Ge- und Verboten zu erkennen gibt. Von der jüdisch-priesterlichen Theologie als ein lokal erfahrbarer Gott, der im Jerusalemer Tempel seine Wohnstatt eingenommen hat und zu dem man sich mittels Tieropfer Zugang verschaffen kann, über die farblich ausdrucksstarken Szenarien des machtvoll und sogar grausam einschreitenden Gottes der Propheten. Vom Gott des Universums, der über den Himmeln thront, wie ihn die Psalmen besingen, bis hin zu einem persönlichen Gott, der in seinem Handeln am Menschen sichtbar wird, so wie es uns das Neue Testament in der Person Jesu vor Augen führt. Alles dies und sicherlich noch viel mehr bereichert die Palette der Wege, wie sich die Menschen über Jahrtausende mit ihrem Gott auseinander gesetzt haben. Und wohlgemerkt, wir sprechen gemäß der Heiligen Schrift von immer ein und demselben Gott!

Erstaunlich erscheinen nach diesen kontroversen, erfahrungsvollen und variantenreichen Berichten in der Bewegung auf Gott zu sämtliche Versuche, das, was wir Gott nennen, in ein für alle Mal geltende Formulierungen zu zwingen. Verständlich ist dieses Phänomen jedoch nur zu gut! Fühlt sich der Mensch doch einem niemals fassbaren Gegenüber ohnmächtig und ausgeliefert. Bleibt doch gerade ein Gott, der immer alles ist, nur nicht das, was wir von ihm denken, ganz und gar unpersönlich, fremd, fast schon dämonisch. Auch diese Erfahrungen ziehen sich von Anbeginn quer durch die Erlebnisse einzelner biblischer Figuren wie beispielsweise Abrahams oder Jakobs mit seinem berühmten Kampf am Jabbok[6]. Selbst das ganze Volk Israel bleibt als Kol-

[6] Der Kampf Jakobs mit Gott, Gen 32, 23 ff., gehört zu meinen Lieblingsgeschichten des Alten Testamentes. Drei verschiedene Erzähltraditionen sind in diese Geschichte eingeflossen. Der unbekannte »Mann« wird wahrscheinlich in vorisraelitischer Erzählung ein dämonisches Wesen gewesen sein. Bezeichnenderweise gibt der Unbekannte auf die Nachfrage Jakobs eine ganze Nacht lang bei der Durchquerung des Flüsschens Jabbok, heute auf jordanischem Gebiet liegend, seine Identität nicht preis. Trotz gewaltsamer Nähe im Kampf, aus dem Jakob verletzt hervorgeht, bleibt eine schaudernde Distanz zu dem, den Jakob später als Gott erkennt. Jakobs Bitte, nicht von ihm zu lassen, bevor der Unbekannte ihn segnet, zeugt von der tiefen Sehnsucht, selbst im Kampf ein Gesegneter, ein von Gott betreuter und gehaltener Mensch zu sein. Hier erhielt Jakob seinen neuen Namen: Israel. Was übersetzt so viel heißt wie »Gottesstreiter«.

lektiv bei der Suche nach seinem Gott in dieser Hinsicht nicht verschont. Ehrlich und ohne Schönfärberei bietet die Bibel ein ganzes Spektrum der nie endenden Suche nach der Identität Gottes durch den Menschen. Eine Suche, die nie abgeschlossen sein wird.

Das Durchbrechen erstarrter Gottesvorstellung durch Jesus Christus, dem es so überzeugend gelang, ein persönliches Du-Verhältnis zu Gott aufzubauen, konnte daher für seine Zuhörer nur wohltuend und faszinierend sein. Sein Sprechen von und über Gott musste allerdings auch zwangsläufig alle die in Aufruhr bringen, die sich als Hüter einer wahren und reinen Gottesvorstellung berufen fühlten. Das Bild eines Vatergottes, der aus Liebe sogar die Regeln des Gesetzes und damit menschlich verfasster Normen bricht, wirkt unpassend und störend im fein ausgetüftelten Koordinatensystem fachmännischer Spieltaktik. Das Kreuz Jesu steht für Konsequenz und Durchkreuzung eben jener festmontierten Gottesbilder.

Auch die Kirche wurde, leider Gottes, schon früh gezwungen, Stellung zu immer wieder aufkehrenden, oft banalen Gotteskreationen zu nehmen. Ihrem überhöhten und verzerrten Gottesbild auf Grund zahlreicher theologischer Spekulationen, die gespeist waren aus vielen Denkschulen antiker und/oder orientalischer Ausrichtung, musste Einhalt geboten werden. Das Resultat – der ins endgültige Dogma erhobene dreifaltige Gott der

Christen[7] – enthält zwar eine Ausgrenzung falscher (?) Annäherungen an das Geheimnis Gottes. Es katapultierte aber auch, wie ich es einmal nennen möchte, Gott in eine Einsamkeit und Menschenferne, die es der Kirche bis auf den heutigen Tag schwer macht, ihn als den Gott im lebendigen Alltag der Menschen zu übersetzen. Überspitzt formuliert: Hätte es die Person Jesu nicht gegeben, an dessen Beispiel Gott als ein Gott im und unter den Menschen aufleuchtet, hätte es die Kirche trotz aller folgerichtigen Konsequenz in der Suche nach einer greifbaren und zu verstehenden Definition über Gott, die wir Menschen nun mal brauchen, kaum zu einem Glaubensmonopol solcher Größe gebracht.[8]

Wer es mit Gott zu tun bekommt, steht immer in der Stunde Null. Ein Glaubenskonzept beziehungsweise ein

7 Dogmengeschichtlich war dies ein langwieriger Prozess, der in den Konzilsbeschlüssen der ersten so genannten Ökumenischen Konzilien akribisch bis in die kleinsten Buchstaben hinein geführt wurde.

8 Um es noch einmal deutlich zu sagen: Ein Dogma bleibt in den Sprachformulierungen immer »Kind seiner Zeit«, weil es aus den Denkströmungen seiner Zeit entstanden ist. Nicht das Dogma ist die Wahrheit, sondern der darin ausgedrückte Inhalt. Darum bleibt ein Dogma sprachlich immer zeitbedingt und muss sich auf der Suche nach letztgültiger Wahrheit, wie hier auf der Suche nach Gott, den stets gegebenen Erkenntnissen aufs Neue stellen. Gerade das ist der überzeugende Anspruch der Kirche, wenn sie sich in der Wahrheitsfindung als wahrhaftig und damit vom Heiligen Geist geführt erweist.

Gottesbild,[9] das durch Jahrhunderte Bestand haben soll, scheitert. Es scheitert nicht nur auf Grund unseres begrenzten Denkvermögens, es scheitert auch daran, dass sich in der Konsequenz der Bewusstseinsevolution der Mensch immer wieder neu zum Geheimnis Gottes verhält. Der heutige Mensch denkt anders über Gott als der Mensch vor 100, 500 oder 2000 Jahren ... Einstmals einfache und gängige Antworten über Gott – mögen sie seinerzeit den Menschen auch Hilfestellung und Richtschnur gewesen sein – wirken heute fremd und ohne Wirklichkeitsbezug. Auch dies ist sogar eine Erfahrung gerade vieler älterer Menschen, wenn sie von alten Katechismusantworten berichten, die ihnen wie aus einer fernen Welt vorkommen. Nicht nur Gott hat es schwer. Auch die Kirchen haben es schwer und sie machen es sich leider auch schwer. Junge Menschen, die ebenfalls gerne glauben wollen, suchen daher vermehrt einen Gott, der ihnen wirklich Antwort gibt, der in ihrem Leben erfahrbar ist. Die immer größer werdende Lücke unserer westlichen Kultur lässt sie nach anderen Glaubensrichtungen und Gotteskreationen Ausschau halten. Schade eigentlich, bietet doch der christliche Glaube im Kern einen

[9] Auch wenn ich hier der Einfachheit halber – wie schon mehrfach – »Glaube« und »Gott« in einem Atemzug nenne, so bin ich mir doch bewusst, dass ich zum einen beide Begriffe verkürzt gebrauche und sie jeweils einer umfassenderen Untersuchung würdigen müsste. Zum anderen ist mir auch klar, dass ich hier Glaube und Gott schwerpunktmäßig im christlich geprägten Kontext verwende.

unschätzbaren Wert an Lebenszusagen, die zu bergen unser aller gemeinsamer Auftrag ist.

Wir nennen unsere christliche Religion eine Offenbarungsreligion. Ausgesagt wird damit, dass Gott es ist, der den ersten Schritt auf die Menschen zu gemacht, sich »offenbart« hat. Judentum, Christentum und auch der Islam, die aus einer gemeinsamen Wurzel entsprossen sind, glauben an den einen Gott. Gemeinsam ist ihnen auch, dass sie festhalten an der Auffassung, dass Gott es selbst ist, der den ersten Schritt auf die Menschen zu getan hat. Seine Offenbarung ist der Grund des Glaubens an ihn. Grund dafür ist die Erkenntnis, dass der Mensch aus sich selbst heraus nichts Gültiges über Gott aussagen kann. Dies ist insofern richtig, weil die Geschichte in aufwändiger Weise von diesem menschlichen Unvermögen bis auf den heutigen Tag zeugt. Mit Hilfe des Offenbarungsglaubens schien der, den wir Gott nennen, als erkannt und seinen garantierten Platz im Gefüge der Menschheitsgeschichte zu erhalten. Auf welch wackligen Füßen heute diese »Garantie« von Gott steht, hat gerade das 20. Jahrhundert in erschreckendem Maße gezeigt. Die fürchterlichen Ereignisse der beiden Weltkriege brachten erstaunlicherweise eben nicht mehr Glauben hervor. Im Gegenteil, am Ausgang des 20. Jahrhunderts sind die Kirchen auf unserem Kontinent leerer denn je. Eine Entschuldigung, wonach der Wohlstand und ein reines Konsumdenken ursächlich für eine solche Massenabkehr sind, mag durchaus richtig sein. Aber sie berühren meines Erachtens nur die Oberfläche. Diese Antwort halte ich für viel zu dünn und zu wenig reflektiert.

Kann es nicht sein, dass die bisher geäußerten Formulierungen über Gott, die zu ihrer Zeit geboren, folgerichtig und echt waren, im Sinne der Bewusstseinsevolution – wie oben beschrieben – einfach nicht mehr auf die Fragen unserer Zeit übertragbar sind?

Mehr als hilflos stand ich selbst oft genug ohne Antworten vor den Fragen der Menschen. Gerade die direkte Art der Jugend, nach den wichtigen Dingen im Leben zu fragen, hat mich erstaunt und ins Grübeln gebracht. Wie ehrlich junge Menschen nach der Sinnhaftigkeit ihres Lebens fragen und darüber hinaus auch bereit sind, einen Gott zu akzeptieren, der sie anspricht, hat mich oft beschämt. Die Aussage eines Schülers »Ich begreife Ihren Gott nicht« hat mich tief getroffen und traurig gemacht. Oftmals wütend über herablassende Kommentare wie »Die Jugend glaubt ja heute nicht mehr« muss ich eingestehen, dass ich kaum so sehr wie von den Fragen junger Menschen und der Art und Weise ihrer Religiosität, die leider so gut wie nur unter vier Augen oder in kleinstem Kreis zur Sprache kam, inspiriert worden bin.

Ich erinnere mich noch gut an jene Stunde, als ich in meinem Arbeitszimmer, umgeben von hundert klugen Büchern, selbst gemalte Bilder von Kindern meiner Grundschulklasse in den Händen hielt. Der Wunsch der Kinder war es (!), doch einmal ihre Vorstellung von Gott und dem Himmel zeichnen zu dürfen. In ihrer kindlichen und daher grenzenlosen Fantasie wurden mir Welten von solch einer Tiefe vorgelegt, dass es mich zu Tränen rührte. Kein Lexikon und kein philosophisch-theologisches Werk kamen dem gleich, wie diese Kinder schlichtweg sämtliche Grenzen unseres begrenzten Verstandes überschritten und mir ihren Gott bildhaft erklärten. Beneidenswert! Und wie traurig zugleich! Denn genau denselben Kindern bleibt wenige Jahre später beim Eintreten in das Erwachsenenalter derselbe Gott, an dem sie mit ganzem Herzen hängen, ein Fremder. Wie schnell wird solchen kostbaren Glaubensvorstellungen, die sicherlich durch die Weltsicht eines Erwachsenen filtriert werden müssen, der Zugang durch die Ratio verweigert. Zugeschüttet durch abstruse Deutungen, Erklärungen, nicht zuletzt durch das Negativbeispiel eines falsch besetzten Gottesbildes, verliert das Glaubensfundament aus Kindertagen, das nicht weniger wirklich und echt ist als das eines Erwachsenen, an Farbe und Leuchtkraft. Was hier als Geburtsstunde des Glaubens aufbricht, so wie ich es mit den Kindern erleben durfte, stirbt früh und wird zu späterer Zeit den meisten Jugendlichen in der Rückschau nur noch schwer zugänglich. Ihr Gottesbild der Kindheit scheint so wenig angepasst an die Welt, scheint nicht kompatibel zu sein mit dem, wie Gott aus ihrer heutigen Sicht zu sein habe. Kann es auch nicht. Wird ihnen doch ihr persönlicher Gottesbezug spätestens dann unsinnig erscheinen, wenn er sich mit dem

Gott der Wissenschaft oder dem Gott allgemeingültiger Auffassungen messen lassen muss.

Nicht dass Gott ausgedient hätte, im Gegenteil! Derselbe, wie wir glauben, unwandelbare Gott des Gestern, Heute und Morgen braucht aber, um nicht in der Ecke eines Kinderzimmers oder Antiquariats zu verstauben, den unserer Zeit adäquaten Zugang. Denn die Entdeckung des Unbewussten, obwohl sie zugegebenerweise das theologische Denken erschüttert, wirkt eben nicht destruktiv auf die Religiosität der Menschen. Aufgabe bleibt es, gerade in der wissenschaftlichen Erkenntnis unserer Tage diesem Gott dort seinen Platz einzuräumen, der ihm gebührt. Das, was als übernatürlich geoffenbart verstanden wird, braucht, da es sich um denselben Gott handelt, der den Menschen lieb und teuer war,[10] seine adäquate Übersetzung in eine neue, der heutigen Bewusstheit entsprechende Art und Weise. Mit Hilfe der psychologischen Forschung können erstaunliche Zugänge zu Gott geschaffen, vielleicht sogar erstmalig in der Menschheitsgeschichte umfassender beschrieben werden, als wir es uns zurzeit noch ausmalen.

Um einem Gott, oder um es persönlicher auszudrücken, um unserem Gott, von dem hier die Rede ist, heute im wissenschaftlichen Diskurs zwischen Theo-

10 Der unwandelbare Gott wurde in den wandelbaren Ausgestaltungen, wie sie uns die Heilige Schrift deutlich macht, nicht weniger geliebt und geachtet, wie es den Menschen in jeder ihrer Epochen eben möglich war!

logie, Philosophie, Psychologie und Naturwissenschaft eine Chance zu geben, braucht es das Gespräch untereinander. Alte Feindschaften und Eitelkeiten sind abzubauen, da interessanterweise Gott eine nie zuvor geahnte Renaissance erfährt. Es ist die Chance der Stunde Null – und damit die große Chance der Kirche und der Theologie, die in den Weiten der Fenster Gottes hier einen Ausblick genießen und das bisher Gekannte und Gedachte weniger in Frage stellen, sondern vielmehr in neue Horizonte einordnen können.

Gerade die moderne Naturwissenschaft scheint diesbezüglich erstaunliche Antworten zu geben, indem sie eine erklärte und belegte Existenz eines ordnenden Ganzen, wie sie gerade in den USA und mittlerweile zaghaft auch bei uns öffentlich diskutiert wird, mehrfach zu belegen versucht. Es geht um ein auf ein Ziel hin gerichtetes Prinzip.[11] Das gesamte Naturgeschehen unseres Globusses ist – trotz aller so genannten Ambiguitäten, also Ungleichheiten und offenen Fragen – zielgerich-

11 Neben einem *Kausal*zusammenhang in der Natur, also einer logischen Abfolge von Entwicklungen unter dem Motto, »wenn das passiert, dann tritt genau das ein«, da sich jede Entwicklung aus einer Erstursache und den darauf folgenden erklären lässt, erkennt die Naturwissenschaft mehr und mehr als Komplement zum *kausalen* einen *finalen* Aspekt. Diese Zielgerichtetheit ist ein durchgängiges Prinzip, universell in der lebendigen und sogar in der unbelebten Natur zu finden. Dadurch wird der naturwissenschaftliche Blick von den einzelnen Geschehnissen auf ein sinnvolles

tet und strebt einem zielhaften Endpunkt zu. Wenn sich hinter diesem weltordnenden oder weltschöpferischen Sein das lebendige Geheimnis dessen verbirgt, den wir immer schon Gott genannt haben, wird dies zur neuen Diskussionsgrundlage aller wissenschaftlichen Disziplinen.[12]

Was die Tiefenpsychologie im Individuationsprozess des Menschen, der als Teil dieser Natur analog die verschiedenen Reifungsprozesse seines Bewusstseins erfährt, aufzuweisen versucht, ist der Schlüssel zur geheimnisvollen Gegenwart Gottes. »Denn so, wie ein wenig Mut dazu gehört, sich zu dem, was man einmal erkannt hat, auch zu bekennen, so gehört auch ein wenig Demut dazu, es mit jenem Wort zu benennen, mit dem es die Menschen seit Jahrtausenden belegen: mit dem

Ganzes hingelenkt, das mit Begriffen wie »Selbstwerdungsstreben« oder »Individuation« betitelt wird. Dennoch möchte ich hier nicht unerwähnt lassen, dass gerade die Gesetze der Thermodynamik in diesem Zusammenhang noch reichlich interessanten Diskussionsstoff bieten, sich aber diese Grundthese m. E. nur vervollkommnen lassen wird im Sinne einer ganzheitlichen Sichtweise vom natur- und geisteswissenschaftlichen Blickwinkel aus.

12 Auf dem 4. Kongress der Europäischen Gesellschaft für Katholische Theologie (ET) in Graz hat Kardinal Karl Lehmann mit einem deutlichen Bekenntnis zur Einbindung der katholischen Theologie in die staatlichen Universitäten den Schlusspunkt gesetzt. Die Theologie dürfe weder in einen Archaismus noch in einen Traditionalismus fliehen, sie sei von Haus aus in die Zukunft des Glaubens gerichtet. KNA

schlichten Worte Gott.«[13] Dies muss nicht die Aufgabe des Offenbarungsglaubens bedeuten. Vielmehr weitet sich dieser in der Gesamterkenntnis des einen gewaltigen Gottes, der darauf wartet, von den Menschen gefunden zu werden.

Die Anklage, wo Gott in Zeiten der Katastrophe bleibt, ist die Anklage des Menschen gegen sich selbst, der sein Herz nach diesem unglaublichen Gott immer neu ausrichten muss. Für mich wurde das am Beispiel des 11. September 2001 deutlich. Dazu folgende Gedanken:

Der 11. September

Die bittere Tragödie des 11. September wird unserem Globus ein nachhaltiges Siegel aufdrücken. In ähnlicher Weise konnte man dies aus den Mündern zahlreicher Menschen hören, die sich in Bezug auf die Katastrophe und, was mir viel wichtiger erscheint, auf die Bewältigung eines Traumas solchen Ausmaßes äußerten. Der nachhaltige Schock ist bei vielen Menschen bis heute zu spüren und sitzt tief. Als deutliches Signal sollte meines Erachtens dazu die Tatsache bewertet

[13] Viktor E. Frankl, Der unbewusste Gott, Psychotherapie und Religion, Kösel 1988, S. 50.

werden, dass die Menschen die Suchmaschinen des Internet rekordverdächtig oft unter dem Stichwort »Nostradamus« nach Ursachen suchen ließen und dadurch andere gängige Themen bei weitem verdrängten. Was der Terroranschlag, der unter dem Synonym »11. September« in die Menschheitsgeschichte eingehen wird, im Eigentlichen ausgelöst hat, ist die zentrale Frage. Die Antworten gehen auseinander. Was genau könnte so nachhaltig und intensiv den breiten Massen zugesetzt haben? Die unglaublich hohe Zahl der Toten in den Trümmern an gleich drei verschiedenen Orten einer Nation kann es allein nicht sein, so schlimm diese Vermutung sich auch anhören mag. (Und schlimm genug ist die Tatsache der Ermordung Unschuldiger wahrlich, stehen doch hinter jedem einzelnen Menschen Einzelschicksale, Familientragödien und Beziehungsverluste.) Stündlich, ja minütlich (!) sterben bei weitem mehr Menschen auf unserem Globus an Hunger, Seuchen, Kriegen und Katastrophen gewollt und ungewollt anonym, die niemals in den Nachrichten unserer westlichen Zivilisation genannt oder beachtet werden. Dabei weiß um dieses Drama eigentlich jeder, der es wirklich wissen will ... Vielleicht ist es die Plötzlichkeit oder die ungeschminkte Direktheit der Bilder, die uns deutlich gemacht haben, dass selbst im sichersten Land dieser Erde letztgültige Sicherheiten eben nicht existieren – so sehr wir dies auch immer wünschen.

Die Zerstörung der Türme von New York rührt ungleich tiefer. Sie entkleidet überdeutlich menschliches Streben nach Einfluss, nach Macht und Eitelkeit. Und dadurch verletzt diese Tat den Menschen so schwer. Selbst das Wachrütteln der Erinnerungen aus den Kriegstagen bei der älteren Generation, ausgelöst von den rauchenden Trümmern von Ground Zero, übertrumpft die Tragweite dieser modernen Tragödie kaum.

Nicht, dass uns Kreativität und scheinbare Überwindung physikalischer Gesetze, die zum Bau solcher monumentalen Meisterwerke führen nicht gestatten sollten, weiterhin in dieser Welt schöpferisch tätig zu sein. Das wäre eine fatale Fehldiagnose! Natürlich erhoffe ich mir wie viele andere auch, eines Tages die berühmte Skyline von Manhattan wieder vollständig besichtigen zu können. Meiner Vermutung nach hat vielmehr der Zusammenbruch der Symbolik dieser Türme, die erhaben und machtvoll in den Himmel ragten, zu einem schmerzlichen Bruch in der einseitig geprägten Weltsicht unserer westlichen Zivilisation geführt. Genau dies scheint auch die wesentliche Absicht hinter dem minutiös geplanten Anschlag gewesen zu sein. Und diesbezüglich ist er im vollen Umfang geglückt.

Der 11. September ist gleichsam zu einem biblischen Datum geworden und lässt uns hautnah die Urgeschichte der Zerstörung des Turmes von Babylon spüren.[14] Die widersinnige Sprachlosigkeit im Sprachenwirrwar nach

[14] Vgl. Genesis 11, 1 - 9.

dem Einsturz des babylonischen Turmes, so die Autoren der Genesis, steht ursächlich für den Verlust inneren Strebens nach Einigkeit aller Menschenschwestern und -brüder. Gott selbst wird hier Grundlage und Garant eines in gegenseitigem Respekt gestalteten soziokulturellen Rahmens. Der Aufbau eines Gesellschaftssystems, das gleichermaßen lebenswerten Raum und sinngebende Perspektive sowohl für den Einzelnen als auch für die Gesamtheit der Menschheitsfamilie in einem gewährt, ist ohne eine Ausrichtung auf Gott gescheitert. Der Verlust des Sinn gebenden und das Bewusstsein prägenden Ganzen, nach dessen Maßstäben sich das Sozialgefüge einer Völkergemeinschaft ausrichtet und sich mit Werten ausgestattet sieht, die sie eben nicht aus sich selbst hat, führte letztlich zur Verständnislosigkeit. Hohe Zivilisation allein wird hohl. Sie entzweit eher, als dass sie die Menschen einander näher bringt.

Dazu folgende Begebenheit, die meine Überlegungen zum 11. September erweitert haben. Im Schaufenster der Diözesanstelle »Berufe der Kirche« in Köln, einer diözesanen Einrichtung, die man als alternative Berufsberatung für sämtliche Berufe in der Kirche beschreiben könnte, hing seit geraumer Zeit folgendes Poster: Vor der weltberühmten Skyline Manhattans war über dem Blau des Hudson River ein Drahtseil gespannt, dessen imaginäre Halterungen über die Grenzen des Bildes hinaus im Himmel zu suchen waren. Auf dem Drahtseil fuhren zwei lächelnde, in Ordenstracht gekleidete Frauen vor den Türmen des World Trade Center zielsicher auf ihren Fahrrädern. Unübersehbar stand am unteren Bildrand der Schriftzug »Sich(t) ändern«. Am Tag nach den Terroranschlägen in Amerika nahm eine Mitarbeiterin der Diözesanstelle sichtlich bewegt das Bild aus dem Schaufenster mit der Bemerkung: »Sieh mal, das können wir so unmöglich im Schaufenster lassen.« Wie Recht sie hatte. Aus einem humorvollen, aber recht »harmlosen« Werbeplakat für Ordensberufe war über Nacht eine zynische Provokation geworden. Nicht allein, dass zwei fröhliche, ihre Akrobatik darbietende Ordensfrauen vor den für alle präsenten Bildern von dem rauchenden Massengrab World Trade Center, die sich innerhalb eines Tages tief eingegraben hatten, makaber erschienen. Der Schriftzug wies in einem weiteren Schritt plötzlich erbarmungslos in mehrdeutiger Hinsicht auf die tiefer liegenden Gedanken hin, die – wenn auch noch unsortiert – von allen irgendwie geahnt und sogar oftmals unüberlegt geäußert wurden. Irgendwie, irgendwas, irgendwer muss sich grundlegend ändern. Wenn auch noch nicht deutlich war, welche Veränderung man schlichtweg meinte.

Ohne dies groß erklären zu müssen, hatte jene Mitarbeiterin bei der Abnahme des Plakats genau das berührt, was viele unbewusst mit dem 11. September in Zusammenhang bringen. Die Seelennot, wenn ich es einmal so ausdrücken darf, wurde mir in den Gesprächen am Telefon oder auf der Straße in den Wochen danach deutlich.

Und ich bin überzeugt, dass die Sehnsucht nach einer Vernunft schenkenden, übergeordneten Instanz, die wir Gott nennen, kaum jemals wieder so tief aufgeflammt ist wie gerade nach dem Terroranschlag. Warum sonst strömten die Menschen – selbst erklärte »Nicht-Kirchgänger« – in die Kirchen? Trauer und Solidaritätsbezeugung mit den Opfern und den Hinterbliebenen reichen mir als Antwort nicht. Dies kann auf den Plätzen dieser Welt ebenfalls in pietätvoller Weise vor aller Öffentlichkeit zum Ausdruck gebracht werden, wie es ja auch geschehen ist. Neben der Wucht einer Katastrophe solchen Ausmaßes, die den Menschen als ohnmächtig entblößt, steht die Antwortlosigkeit auf die zentralen Fragen des Lebens, die mehr und mehr außer Acht gelassen wurden. Der Zusammenbruch der Türme von New York könnten als Symbol für den Zusammenbruch und – wer weiß – vielleicht sogar eines Tages für die Überwindung unseres positivistisch konkretistischen Weltbildes stehen. Da unsere Zeit, die man allgemein als »Postmoderne«, also als die Nachfolgerin der modernen Zeit, betitelt, die Suche nach dem »Mehr« im Leben wieder neu entdeckt.

Darüber hinaus drängt sich in einem vorsichtigen Vergleich zur Geschichte von Babylon auch in gleicher Weise die Frage nach der Existenz Gottes auf – beziehungsweise seiner Allmächtigkeit, seiner Wirkmächtigkeit, seiner Autonomie. Berufen sich doch zu viele auf Ihn, in dessen Namen sie sowohl in der Vergangenheit als auch gegenwärtig Unrecht als Mittel zum Zweck für Recht erklären[15] und sogar die Würde des Menschen mit Füßen treten. Gott ist ein ganz anderer und niemals äußerer Besitz. Wenn nicht das Herz des Menschen von Ihm getroffen ist, bleibt menschliches Tun herzlos, ohne Mitte und ohne Leben. Die Auswirkungen eines herzlosen, lebensfeindlichen Glaubens und einer daraus entsprechenden Lebenseinstellung machen die Tragödie des 11. September aus. Wer sich Gott auf die Fahne schreibt, ein Blick in die Geschichte des Christentums genügt da völlig, ohne auf das Herz Gottes zu lauschen, überhört den Leben schenkenden Impuls einer auf Zukunft und Aufbau gerichteten Macht.

Einen weiteren, mir unter die Haut gehenden Aspekt möchte ich im Bezug auf den 11. September ansprechen. Das Lied »Only Time – Allein die Zeit« von Enya wurde gleichsam zur internationalen Trauerhymne erhoben und wochenlang auf vielen Radiosendern gespielt. Nicht die melancholische Interpretation allein, sondern auch die Live-Mitschnitte der Anrufer aus den abgestürzten Flugzeugen oder den brennenden Türmen unmittelbar vor dem herannahenden Tod lassen mir heute noch einen eiskalten Schauer den Rücken hinunterlaufen.

In den Botschaften jener Menschen, die in ihren aus-

[15] Erneut zeigt sich dies im gegenwärtigen Irakkonflikt, in dem es wiederum nicht an pseudoreligiösem Vokabular mangelt.

sichtslosen Situationen im Direktflug auf ihren Tod noch einmal mit anderen Kontakt aufgenommen haben, wirkt der Inhalt fast schon wie ein geistiges Testament: »... und sag' ihnen, dass ich sie liebe!« Wer sich auch immer noch kurz der Außenwelt mitteilen konnte, gab seinen Nächsten nur noch ein Wort mit auf den Weg, das Wort der Liebe. Damit drückt sich gleichzeitig ein gesamter Lebensinhalt aus, für den es sich doch eigentlich zu leben lohnte. Die Reduktion unsinnig vieler und flacher Worte auf das Wesentliche im Leben durch das Wort der Liebe wurde in den Sekunden, in Anbetracht des die Menschen einholenden Infernos, zur Existenzaussage menschlichen Lebens überhaupt.

In ähnlicher Weise wurde ich selbst Anfang des Jahres 2001 einmal in eine solche Situation hineingelotst. Auf regennasser, nächtlicher Fahrbahn, mit den Scheibenwischern auf Stufe zwei, wurde ich binnen Bruchteilen einer Sekunde auf die Zerbrechlichkeit meines eigenen Lebens hingewiesen. Auf Grund einer Baustelle verjüngte sich die vierspurige Fahrbahn früher als erwartet auf zwei Fahrstreifen für beide Verkehrsrichtungen. Die Markierungen waren durch das aufpeitschende Wasser kaum sichtbar. Ein Griff zum Radio, um das lästige Rauschen im eingestellten Sender zu korrigieren, vielmehr ein kurzer Blick, um meine Hand zu führen, ließ mich die Veränderung der Verkehrsführung nicht registrieren. Gerade in dem Moment, als ich aufblickte, schaute ich in die grell aufleuchtenden Scheinwerfer eines herannahenden Autos, die sich fast geisterhaft und unbeschreiblich rasant vergrößerten. Ich war wie geblendet und gelähmt. Der Reaktion des mir unbekannten Fahrers im anderen Wagen, der nur noch hupend eine schmale Lücke ausnutzte, um mir auszuweichen, verdanke ich die Rettung vor dem sonst unausweichlichen Zusammenstoß. Was habe ich in diesen Hundertstel Sekunden überhaupt noch gedacht? Ich weiß, dass ich den Namen meines Gottes ausrief und im gleichen Atemzug meine Liebe denjenigen zurief, die ich im Herzen trage. Schweißgebadet und am ganzen Körper zitternd hielt ich später in einer Einbuchtung meinen Wagen an. Wie lange ich dort gestanden habe, vermag ich heute nicht mehr zu sagen. In der späteren Verarbeitung wurde mir mehr und mehr deutlich, woran mein Herz wirklich hängt und wie wertlos, ja fast tötend vieles andere so scheinbar Wichtige in meinem Leben eigentlich ist: materieller Reichtum, Status, innere und äußerer Fassade, gesellschaftliche Rollenmuster, nach denen man zu leben versucht.

Als ich im Lied »Only Time« die eingespielten Stimmen der Anrufer hörte, sah ich mich selbst in jene Nacht zurückversetzt, in der mich die Scheinwerfer des fremden Wagens bis auf meinen Grund durchleuchtet hatten. Sicherlich mag es anmaßend klingen, meine persönliche Situation mit der Gewalt des Anschlags in Amerika vergleichen zu wollen. Die Wirkung meines Erlebnisses aber hat mich zutiefst zum Nachdenken gebracht. Im Unterschied zu den Opfern des 11. September, die auffallend identisch den Drang verspürten, ihre zentrale Lebensbotschaft noch einmal kundzutun, wird mir meine Erkenntnis, sofern ich sie nicht ignoriere, zur weiteren Lebensaufgabe, da ich überlebt habe.

Wer einmal an den Rand seiner Welt und damit seines Lebens geführt wird, und ich bin mir sicher, dass es vielen so ergeht – ob durch Krankheit, Katastrophen oder andere Schicksalsschläge – weiß, wovon ich rede. Dieses Potential unserer gemeinsamen Erkenntnis müsste uns ermutigen, Bausteine für einen wirklichen Neuaufbau zu werden, der sich dann zu Recht mit dem Titel »Zivilisation« schmücken dürfte. Und jeder, Frau oder Mann, kann genau das geben, was sie oder er hat. Die Berufung und Größe jedes Individuums zeigt sich, wenn sich die neu erstehenden Türme unserer Welt als geistvolles Gehäuse zeigen. In ihnen kann nicht nur lebbares Miteinander in Vielfalt ermöglicht werden. Auch können dem anderen im Aussprechen sinnvoller und Sinn schenkender Worte Wertschätzung und Respekt, vielleicht sogar Liebe entgegengebracht werden.

Das Weihnachtsfest nach dem 11. September brachte mir, auch auf Grund körperlicher Erkrankung, noch einmal die Gefühle dieses Erlebnisses nahe. Wenige Tage vor dem Fest, als ich den Stift zum Schreiben der Weihnachtspost in die Hand nahm, entstand das folgende kleine Gedicht. In der Dunkelheit der Nacht wendet sich durch die Stunde der Geburt – wenn auch unter Schmerzen – so manche Weltsicht. Gerade durchwachte und durchweinte Nächte bereiten oftmals still den Anfang neuen Lebenswillen vor.

(M)Ein Gedicht
Ziellos seufzt die Welt in Trümmerschmerz,
die Türme unsrer Träume sind danieder,
der Ruf nach Liebe zehrt an dem geplagten Herz,
es weiß,
die Sehnsucht nach Geburt schenkt erst den Anfang wieder.

Von einem der auszog, den Menschen die Füße zu waschen

Mein Lieblingsevangelium schlechthin ist die von Johannes in seinem Evangelium erzählte so genannte Fußwaschung am Gründonnerstagabend.[16] Ich darf nicht unerwähnt lassen, dass mich seit meiner frühesten Kindheit gerade auch die Liturgie des Gründonnerstags außerordentlich stark angesprochen hat. Dem Tag vor der Kreuzigung Jesu haftet etwas Melancholisches, etwas Bedrohliches an, das noch schwer in Worte zu fassen ist und dessen Tragweite erst der Karfreitag und Ostern in vollem Umfang präsentieren. Dennoch blieb das, was sich einmal in einem Raum in Jerusalem ungeachtet von der Welt zu nächtlicher Stunde zugetragen hat, für mich die Zentralstelle zum Glauben an den christlichen Gott. Ich weiß noch zu gut, wie ich mit kindlich-jugendlichem Temperament ärgerlich darüber war, dass man anstelle eines ausführlichen Mahlberichts die Aktion einer Fußreinigung zu hören bekam. Auch wenn mich das Beispiel Jesu durchaus faszinierte, ich fand diese Vorstellung ziemlich unpassend. Denn nach den Worten meines damaligen Heimatpfarrers erinnerten wir uns doch an das erste Abendmahl. Erst über die Jahre hinweg begann ich zu begreifen, dass beides rich-

[16] Joh 13, 1 - 20.

tig war: sowohl der Bericht über die Fußwaschung in der Nacht vor der Kreuzigung Jesu als auch mein ungutes Gefühl.

In allen vier Evangelien des Neuen Testaments wird von dem letzten Abend vor Karfreitag berichtet, an dem ein Mahl stattfand. Während bei Matthäus, Markus und Lukas die Brot- und Becherworte Jesu wiedergegeben werden und zentrale Bedeutung für die Liturgieentwicklung der jungen Kirche gewannen, entschied sich der Autor des johanneischen Berichts für einen anderen Schwerpunkt. Nur hier findet man im gesamten Neuen Testament den Akt der Fußwaschung Jesu – noch dazu an entscheidender Stelle. Jesus, der Herr und Meister, übernimmt freiwillig den Dienst eines Sklaven. Kein Wunder, dass die Jünger fassungslos vor dem sich hinknienden Jesus standen.

Mir selbst erging es einmal in ähnlicher Weise. Als ich einem Straßenjungen in Nairobi etwas zu Essen und ein frisches T-Shirt gab, konnte ich ihn trotz aller Worte und Gesten nicht davon abbringen, mir seinen Schuhputzdienst förmlich aufzudrängen. Wie habe ich mich bis auf die Knochen geschämt, als ich den zirka 15 Jahre alten Jugendlichen vor mir im Straßendreck knien sah. Mag ich auch ein Freund sauberer Schuhe sein: Der rote Staub der ungepflasterten Straßen, der wenige Stunden später das Werk des Jugendlichen bedeckte, war mir noch nie so willkommen wie an jenem Nachmittag. Seltsame Gefühle waren es; ich begann die Gefühle der Jünger nachzuempfinden. Umso mehr verstand ich Petrus, der, vom betretenen Schweigen seiner Genossen gedrängt, die Frage nach dem Sinn des Tuns Jesu stellte. Einer Person wie Petrus, die nicht immer alles schluckt, was ihm »aufgetischt« wird, verdanken wir die erklärenden Worte Jesu: »Begreift ihr, was ich an euch getan habe?«[17] Wer wagt es schon, diese Frage mit Ja zu beantworten. Steht doch diese Frage für das gesamte Lebenswerk Jesu, dass sich von der Gründonnerstagnacht rückblickend auf alle Taten Jesu ebenso wie die noch folgenden beziehen lässt. Der Mann aus Nazareth ist schwer zu begreifen. Über ihn zerbrechen sich die Eltern Jesu, Maria und Josef, schon in seiner Jugendzeit den Kopf. Ein Schriftgelehrter wie Nikodemus muss sich von ihm degradiert fühlen, der ihn doch nur des Nachts aufsuchte, um ihn zu warnen. Thomas und Petrus ließen sich auf Diskussionen mit ihm ein, in denen sie am Ende doch unterlagen. Und ein Judas, der doch nur das versprochene Königreich Jesu etabliert sehen wollte, scheiterte gänzlich an dem Rabbi von der Straße.

Jesu Auftreten provoziert bis heute. Das Einmalige seiner Botschaft ist, dass sich seine Worte mit seinen Taten deckten. Die Waage von Worten und Taten kennt bei ihm keine Unausgeglichenheit. An ihm wurde ablesbar, wie Gott die Idee des Menschen einmal geträumt hatte, als er uns, um es einmal theologisch auszudrü-

[17] Joh 13, 12.

cken, in seine Ebenbildlichkeit berief: nämlich Mitschöpfer des Lebens zu werden, Leben zu gewähren und zu ermöglichen. Leben, das jeder von uns nicht aus sich selbst, sondern als Geschenk erhalten hat, zu dem einen großen Ziel eines vollendeten Lebens für alle Menschenschwestern und -brüder ohne Ausnahme. Hier wird der Raum der »Herrschaft« Gottes, der vor nationalen, ethischen, religiösen, politischen oder wirtschaftlichen Grenzen keinen Halt macht, greifbar nahe. Jesus nahm die prophetische Zusage Jesajas »Es wird einer kommen, der das geknickte Schilfrohr nicht zerbricht und den glimmenden Docht nicht auslöscht«[18] in seiner Person an und handelte danach. Das Recht, in Würde zu leben, ist das von Gott dem Menschen eingestiftete Grundrecht. Wer Jesus erkennt, liest an ihm das Wesen Gottes ab. Durch die Person Jesu wird Gottes Wirklichkeit und Absicht transparent. Er fühlte sich mit seinem Gott so eins, dass er in einem einmaligen Bezug zu ihm den Mut hatte, ihn als seinen Vater anzusprechen. In einem solchen vertrauensvollen, beziehungstiefen Umgang mit Gott erkannte Jesus die Liebe[19] und bewies diese Liebe in letzter Konsequenz. Das Zuhause einer solchen bedingungslosen Liebe erweist sich immer als passend, selbst in den nach menschlichem Ermessen unpassendsten Situationen. Sie

[18] vgl. Jes 42, 3.

[19] Der Schreiber des 1. Johannesbriefs, der mit dem Gedankengut des Evangeliums nach Johannes vertraut war,

ereignet sich im Abendmahlssaal genauso wie im Straßenstaub von Nairobi. Im Büro der Arbeitswelt wie im privaten Bereich, auf der Schwelle mancher Haustüren wie auf den Plätzen der Öffentlichkeit immer dann, wenn Menschen wirklich bereit sind, ganz Mensch zu sein, und dem *Ruf* Jesu folgen, ihre Be-*ruf*-ung zur Liebe aufleuchten zu lassen.

Die Theologie umschreibt die »Menschwerdung Gottes« in der Person Jesu mit dem Begriff »Inkarnation« – Fleischwerdung. Damit möchte sie ausdrücken, dass Gott sein Gottsein in der Tat darin bewies, dass es ihm möglich war, auch »Fleisch«, nämlich Mensch zu werden. Wir feiern dieses Geheimnis zu Weihnachten. Der religiöse Dichter Angelus Silesius hinterließ dazu eines der wohl berühmtesten und schönsten Worte: Wäre Jesus tausend Mal in Bethlehem geboren und nicht in dir, du wärest doch ewiglich verloren.[20]

Die Menschwerdung Gottes ist in der Person Jesu aber

hinterlässt uns mit seinem Textzeugnis die wohl tiefste Definition über Gott, die bisher jemals von einem Menschen ausgesprochen wurde: »Gott ist die Liebe, und wer in der Liebe bleibt, bleibt in Gott, und Gott bleibt in ihm!« 1 Joh 4, 16. Überhaupt kann der 1. Johannesbrief als die »Magna Charta« des Christentums angesehen werden, denn hier heißt es, die Folge einer solchen Liebe am Beispiel Jesu könne nur in einem ebensolchen Handeln überzeugen und lebendig erhalten werden.

[20] Angelus Silesius oder mit eigentlichem Namen Johannes Scheffler, »Bote aus Schlesien«, sagt es an anderer Stelle

nicht abgeschlossen. Sie ist ein immerwährender Prozess. Unser Sein, unsere Ebenbildlichkeit, unsere Einmaligkeit sind die Indizien dafür, dass Gott in einem jeden von uns Gestalt annehmen möchte. Wenn Gott ganz Mensch wurde und immer wieder werden will, dann wird in der Wechselwirkung dazu uns eine wirkliche Menschwerdung auch Heilung bringen. In dem Moment, wo ich selbstbewusst »Gottes Kind« werden kann, werde ich ganz Mensch, dann beginne ich, den mir zu Eigen gedachten Platz in dieser Welt zu suchen. Mensch werden heißt auch mit Achtsamkeit wahrnehmen, was ich zur Entfaltung in den Augen Gottes brauche. Es heißt, die Widersprüchlichkeiten in und um uns wahrzunehmen, heißt letztlich authentisch Mensch zu sein. Das ist das Geheimnis der Menschwerdung Gottes, dass er uns vorgelebt hat, mehr Mensch oder besser ganz Mensch werden zu können.

Übrigens: Nach dem Lukas-Evangelium wurde Jesus in Bethlehem, dem Ort der Königssalbung Davids geboren. Das hebräische Wort Bethlehem heißt übersetzt: Haus des Brotes. Was für ein Brot könnte Gott wohl den Menschen reichen, das noch mehr als das Manna in der Wüste, das Volk Israel vor dem Verhungern rettete?[21]

so: »Der Himmel ist in dir. Halt an, wo laufstu hin, der Himmel ist in dir; suchstu Gott anderswo, du fehlst ihn für und für.« Johannes Scheffler, Der cherubinische Wandersmann.

[21] Vgl. dazu Ex 16, 1 ff.

In Bezug auf das letzte Abendmahl reicht Jesus mit seinem Beispiel in der Tat eine Speise, die den Menschen auf Dauer sättigt. Der tiefe Eindruck, den die Fußwaschung hinterließ, brachte sogar die lateinische Kirche mancherorts dazu, in der Feier des Gedächtnisses am Gründonnerstagabend die Fußwaschung als liturgischen Bestandteil zeichenhaft in Szene zu setzen. Mehr noch, sie wurde zuweilen auf die Ebene einer eigenen sakramentalen Feier gehoben. Bei der Festlegung der Anzahl der Sakramente auf die Zahl sieben durch das Konzil in Trient (1564 – 1566) wurde sie dabei leider nicht berücksichtigt.

Wer sich beim Mahl Jesu sättigt, dem ist der Auftrag, es ihm gleich zu tun, ins Stammbuch geschrieben: »Ich habe euch ein Beispiel gegeben, damit auch ihr so handelt, wie ich an euch gehandelt habe.«[22] Wer demnach von seinem Brot isst ohne die Bereitschaft, im entscheidenden Moment auf Position und Ansehen oder andere zurechtweisenden Blicke zu verzichten, ist wie der, der die Intention Jesu hintergeht.[23] Eucharistisches Mahl, wie die Kirche es nennt und im Sakrament der Eucharistie feiert, ist untrennbar mit der Liebestat verbunden, die unter den Menschen in der Welt ebenso sakramental, also zeichenhaft wahr aufblühen soll. So wird und bleibt Jesu Anwesenheit unter den Menschen lebendig. So wird Gott in die Alltäglichkeit des Menschen glaub-

22 Joh 13, 15.
23 Vgl. Joh 13, 18.

würdig übersetzt, wird greifbar, »genießbar« und spürbar.

In der Kirche der ersten Jahrhunderte kannte man noch keine feste, allgemein gültige Lehre darüber, wie Jesus Christus in den Zeichen von Brot und Wein anwesend sein könne. Es gab verschiedene Definitionsversuche; die beiden Hauptstränge konnten überraschenderweise koexistieren: eine eher vergeistigte Auffassung und die Auffassung im wörtlichen Sinne. Da dies eher im kleineren Kreis der Gelehrten als Diskussionsstoff diente, hatte dies zuerst keine Auswirkungen auf die Gesamtheit der Gläubigen. Gut 1000 Jahre später brach der Streit zwischen den beiden Richtungen in einer solchen Vehemenz auf, dass mit Verurteilungen und Drohungen auf allen Seiten zu rechnen war und sie sogar das Volk mitriss. Erstmalig erschien in einem Teil des Traktats von Gerbert von Reims[24] (945 – 1003) sogar eine Abhandlung darüber, wie der göttliche Leib Jesu im menschlichen Leib verdaut werden könne. Auch wenn man sich

[24] »De corpore et sanguine« (Über Leib und Blut des Herrn). Gerbert von Reims wurde später Papst Sylvester II. Die Frage nach der Verdauung der Abendmahlsspeise wurde in der Folgezeit zu einem viel diskutierten Thema der Theologen auf breiter Basis. Für uns Heutige sind diese Fragen, ohne dass man darüber urteilen wollte, nur schwer zugänglich. Sie waren aber wichtige Fragen ihrer Zeit. Sie zeigen das Interesse daran, dem Geheimnis der Eucharistie auf die Spur zu kommen.

später öffentlich für eine wortwörtliche Auffassung der Gegenwart Jesu in Brot und Wein entschied, so lebt der andere Zweig, die geistige Auffassung, bis heute weiter. Die Reformation brachte den unterschwellig schwelenden Streit wieder ans Tageslicht. Die Trennung der Kirchen in ihren unterschiedlichen Auffassungen über die Gestalt von Brot und Wein ist das traurige Ergebnis dieses Konflikts im Abendland.[25] Auch wenn genau dieser Punkt im ökumenischen Gespräch zwischen Protestanten und Katholiken bis heute Konfliktstoff liefert und eine Annäherung zur Mahlgemeinschaft beider Kirchen verhindert, wächst im Volk doch die Sehnsucht nach der Einheit am gemeinsamen Tisch. Ist doch die Speise Jesu als einheitsstiftendes Mahl der dringlichste Appell an die Leitungen der Kirchen und damit zu ihrer aller Auftrag gegeben. Dabei stellt sich mir die Frage, ob nicht ähnlich wie in den ersten Jahrhunderten, beide Auffassungen in einer friedlichen Koexsistenz ihre Gleichberechtigung finden können?

Als Jugendlicher und junger Erwachsener hatte ich, wie alle meine Geschwister, eine Aufgabe im elterlichen Geschäft übernommen. So gehörte die Dekoration der Schaufenster zu meinem Bereich. Ein großes Themenfenster nahm manchmal Stunden in Anspruch. An einem Mittwochnachmittag, der zugleich Buß- und Bettag

[25] Wobei deutlich gemacht sein soll, dass dieser Grund nicht allein zur Spaltung der Christenheit im Abendland führte.

und damals noch Feiertag war, nahm ich die Gelegenheit wahr, die neue Lieferung einer Firma mit alkoholischen, also »geistvollen« Spezialitäten zu präsentieren. Dies war in unserem kleinen Geschäft während der Ladenöffnungszeiten auch nicht anders möglich. Im Schaufenster hatte ich den Blick auf die auf der gegenüberliegenden Straßenseite stehende katholische Kirche »St. Michael«. Gleichzeitig aber war auch die Aussicht auf den Turm der evangelischen Kirche, die nur wenige Schritte entfernt liegt, freigegeben. Punkt Viertel vor sieben läuteten die Glocken von St. Michael zur abendlichen Messe, wie an jedem Mittwoch. Kurze Zeit später stimmten die Glocken der evangelischen Kirche mit ein, diese wiederum eröffneten den Gottesdienst zum Buß- und Bettag. Da kniete ich nun im Schaufenster umgeben von Flaschen, Fläschchen und alkoholischen Früchten in der Stille unseres abgedunkelten Ladens und schaute auf die Straße. Menschen aus allen Richtungen, darunter viele bekannte Gesichter, trafen sich, grüßten, lachten oder winkten einander … und gingen in ihre jeweilige Kirche. Da läuteten die Glocken zweier Kirchen für den einen Gott, und doch war es nicht möglich, die Menschen unter den verschiedenen Dächern unserer Kirchen zu einen. Ich glaube, dass ich zum ersten Mal im Leben an diesem Abend den Riss der Christenheit in meinem Empfinden an mir selbst zu spüren bekam.

Wie fließend allerdings die Grenzen manchmal schon sind, erfuhr ich aus dem Mund eines evangelischen Pfarrers und persönlichen Freundes, der als »Don Camillo« (meines Wissens der erste *evangelische* Don Camillo!) in die Geschichte meiner Heimatstadt einging. In einer zum Teil heftigen Diskussion über die Unterschiede im Abendmahlsverständnis sagte er auf seine Art, für die er bekannt war: »Ich könnte nicht wirklich evangelisch sein, wenn ich nur an den symbolischen Gehalt und nicht zugleich auch an die Wirklichkeit Jesu in Brot und Wein glauben könnte.«[26]

Auch hier erweist sich der Dienst der Fußwaschung als Brücke über die theologisch spekulativen Gräben: Ist jeder bereit, sich in Respekt vor der wertgeschätzten Meinung des anderen und letztlich in Liebe zu ihm einmal klein zu machen, um ihn in seiner Natur zu verstehen, ist der Weg der Umarmung nicht mehr weit. Was im Großen gilt, gilt im Kleinen und was im Kleinen gilt, gilt im Großen. Die Wirkung der Großtat Jesu wird durch die anhaltend vielen Spaltungen in die vielen Kirchen und kirchlichen Gemeinschaften auf der Welt

[26] Werden die Konfessionsbezeichnungen evangelisch (auf das Evangelium bezogen) und katholisch (allgemein gültig) einmal in ihrer Urgestalt betrachtet, bewahrheitet sich das Wort eines anderen evangelischen Pfarrers, dem ich in eben solcher Weise in Freundschaft zugeneigt bin: »Ich könnte nicht wahrhaft evangelisch sein, wenn ich nicht zugleich auch wahrhaft katholisch sein könnte. Und du (damit meinte er mich) könntest nicht wahrhaft katholisch sein, wenn du nicht zugleich auch wahrhaft evangelisch sein könntest.«

seiner Tiefe, seines Glanzes und damit seiner Überzeugungskraft beraubt. Um noch einmal »Don Camillo« zu Wort kommen zu lassen: »In Zukunft werden wir uns als Christen nur noch gemeinsam in der Welt halten können.« Wie Recht er mit seiner Überzeugung hat, wird schon an der nächst folgenden Generation offenbar. Wer in der gleichen Berührung mit dem liebenden Christus steht, kann für mich nie ein wirklich Fremder sein. Ist der vielfache Wunsch nach Einheit nicht schon lange das unterschwellig wachsende Verlangen, der Welt den ursprünglichen Jesus in seiner verschenkenden, sich zu den Menschen herabneigenden Liebe wieder deutlich vor Augen zu führen? Und das Liebe nicht trennt, sondern eint, darüber sind wir uns eigentlich doch alle im Klaren ...

Der Untergang der Titanic

Bringen Sie in einer abendlichen Gesprächsrunde oder zu einer anderen Gelegenheit einmal das Stichwort »Titanic«. Ob in der jüngeren oder älteren Generation, die Geschichte des Luxusdampfers bewegt die Gemüter der Menschen bis heute. Es gibt wohl niemanden, der nicht einen kleinen Gedanken zum Untergang der Titanic äußern könnte. Die Titanic ist meines Erachtens zum modernen Mythos geworden. Verglichen mit den alten Erzählungen unserer Kultur hat sich das knapp 90 Jahre alte Drama auf erstaunliche, makabere Weise ins Bewusstsein der Menschen eingegraben. Bücher wurden geschrieben, Filme, die die unterschiedlichen Blickwinkel der Katastrophe beleuchten wollen, wurden auf Zelluloid gebannt, jetzt sogar als Musical. Mit dem Namen Titanic verbindet jeder etwas.

1998 war das Jahr der Titanic schlechthin. Mehr als eine Milliarde Dollar spielte der Liebesfilm »Titanic« als Neufassung dieser modernen Tragödie ein. Die überaus emotionsgeladene Darstellung brachte so manchen in den Kinosesseln zum Weinen. Elf Oskars würdigten das Werk auf ihre Weise, das erst durch die Verfilmungen von »Harry Potter« und »Herr der Ringe« von dem Podest der Unübertroffenheit verdrängt wurde. Es gab kein Kind in den Grundschulen, das nicht von der Geschichte fasziniert war. Selbst bei meinem Besuch im kenianischen Nairobi im Sommer 1998 war das Titanic-Fieber zu spüren, sah man auf unzähligen Plakaten das Liebespaar Jack und Rose in ihrer typischen Haltung mit ausgebreiteten Armen auf der Bugspitze des Luxusliners. Klar, dass wir uns mit unseren afrikanischen Freunden die Originalfassung des Films nicht entgehen lassen wollten ...

Traurig ist der Untergang, der in den frühen Morgenstunden des 15. April 1912 mehr als 1500 Menschen das Leben kostete, allemal. Die Tragödie aber liegt darin, dass so evident wie selten zum Vorschein tritt, dass der

Mensch an seinem eigenen Schicksal, und das in zerstörerischer und überheblicher Weise, zu Grunde geht. Die Titanic ist das gigantische Produkt menschlicher Möglichkeiten hinsichtlich Planung und Verwirklichung. Das Schiff, das nicht untergehen kann. »Selbst der liebe Gott könnte dieses Schiff nicht versenken«, so der Originalton eines Passagiers.

Die Titanic bricht von Southampton auf, dem großen Ziel Amerika entgegen. Geradewegs, ohne Umschweife, auf ihrer Jungfernfahrt. In der Bündelung aller zur Verfügung stehenden Kräfte auf und unter Deck, bei hohem Tempo und geblendet vom ersten Triumph über den Sieg über »Gott und die Kräfte der Welt« übersieht man den kleinen, nicht geplanten, nicht in das Denkschema passenden Augenblick, und der bringt die absolute Wende. Fast schon ein dummer Zufall. Ein kurzer Augenblick nur, der das schon zur Legende gewordene Schiff Titanic in den Untergang befördert: die Kollision mit dem Eisberg. Gewarnt, wie so oft! Überhört, wie so oft! Der Supergau allerdings bleibt aus. Und hier wird das Drama dem Film nach offenbar: Kein frontaler Crash zwischen Eisberg und dem Schiff folgen, kein »Kampf von Angesicht zu Angesicht«. An seiner empfindlichsten und ungeschützten Stelle wird das Schiff geschlagen. Viele kleine, aber tiefe Schrammen bringen das Ende – langsam, unheimlich langsam, dafür aber garantiert sicher. Der Tod, die Katastrophe, tritt auf schleichendem Fuße von der Flanke her an die Titanic heran.

Irgendwann ist jeder Mensch einmal »seine Titanic«. Irgendwann droht einem jeden von uns ob durch Unglück oder einen anderen Schicksalsschlag gleichsam das Versinken in den Weiten des eigenen Ozeans. »Titanic-Erfahrungen« macht jeder, spätestens auf dem Krankenbett, bei Vertreibung oder im Schützengraben. *Warum* sollen wir uns nicht eingestehen, dass wir verletzlich sind? *Warum* spielen wir allesamt vor den anderen und auch vor uns selbst immer wieder den eisernen, unsinkbaren Helden? Ein Blick in die Geschichte des Menschen legt ihm dann sogar die vorprogrammierte letzte Frage in den Mund. Denn am Ende, nach der Kapitulation vor dem eigenen Lebenstheater, steht dann drehbuchreif das berühmte Wort »warum« – zugespitzt allemal in der Frage: *»Warum lässt Gott das zu?«* Dabei liegt die Antwort offen für jeden – nur die Frage scheint verkehrt gestellt. Wer nach Fremdverschulden sucht, lenkt von der tönernen Selbstbehauptung des Menschen ab. An den richtigen Adressaten gerichtet, müsste die Warum-Frage lauten: »*Warum, Mensch,* lernst du immer nur aus der Katastrophe? *Warum, Mensch,* begreifst du nicht, dass dein Denken und Tun nicht maßlos, nicht grenzenlos sind, dass über deinen Kampf mit den Dingen dieser Welt, dein Aufbegehren über alles und jeden längst entschieden ist?« Ist es wirklich so schwer, der Realität ins Angesicht zu schauen und sich bewusst zu machen, dass alles auf dieser Welt, sämtliches Leben und damit auch ich selbst, Schwächen hat und damit verwundbar ist? Der selbst erzeugte Druck, niemals wanken zu dürfen, immer strahlend, dynamisch und fit zu sein, ist zum Würgegriff an der gesamten Menschheit geworden. Was die Katastrophe um die Titanic so beispielhaft macht, ist, dass es früher oder später einen jeden von uns an seiner schwächsten Stelle treffen kann. Für den Frontalangriff gerüstet, vergessen wir den stechenden Einschnitt von der Seite. Dieser muss nicht automatisch ins Aus führen wie bei der Titanic, so würde man die Botschaft der unschuldig Ertrunkenen gründlich missverstehen. Aber die Hilfeschreie der Menschen im Ozean sind die lauteste Proklamation, falsch verstandenen Stolz und machtgeblendete Erhabenheit endlich abzulegen. Im Kleinen wie im Großen.

Unser aller Lebensschiff ist nie so sicher, dass es nicht einmal ins Wanken geraten kann. Manchmal muss man paradoxerweise einmal ganz unten sein, um die Schönheit der kleinen Dinge dieser Welt wieder richtig deuten zu können. Der deutsche Mystiker Meister Eckehart formulierte es so: »Leid ist das schnellste Pferd zur Erkenntnis.« Damit einher geht eine neue »Positionierung« der eigenen Persönlichkeit, letztlich eine »Umwertung« aller für wichtig erachteten Werte.

Es ist doch bezeichnend, dass die Bibel immer wieder von Umkehr spricht. Das griechische Wort dafür im Lukas-Evangelium heißt *metanoiete* – kehrt um![27] In diesem Wort steckt das Wörtchen: *noiein*, das wir mit

[27] Vgl. Lk 13, 1 - 19.

»wahrnehmen« übersetzen können. Umkehr im biblischen Sinne setzt also eine Wahrnehmung meiner selbst und meiner Lebensumgebung voraus. Gleichsam in der Bedeutung: Mensch, hast du die Wirklichkeit richtig eingeschätzt, oder machst du dir etwas vor? Ist deine Selbsteinschätzung illusionäres Gebilde, schießt sie über das dir erträgliche Maß hinaus? Achtest du nur auf das, was du hören willst?

Der Mensch hat seinen festen und garantierten Platz in dieser Welt, ohne Zweifel. Eine Existenz in Einmaligkeit und Würde! Nicht die Standortfrage ist entscheidend, sondern die Frage nach der rechten Einschätzung, der richtigen Wahrnehmung. Schon der Prophet Jesaja wusste in rechter Einschätzung den Platz der Menschheit einzuordnen, wenn er sagte: »Seht, die Völker sind wie ein Tropfen am Eimer, sie gelten so viel wie ein Stäubchen auf der Waage. Ganze Inseln wiegen nicht mehr als ein Sandkorn.«[28] Jesajas Erkenntnis vermittelt eben keine Resignation gegenüber seinem Gott, sondern die Chance des dem Menschen zugedachten Platzes. *Warum* also falsches Aufbegehren, wenn eine Portion Demut und Bescheidenheit zur Einsicht der unbedingten Würde des Menschen genügt? Schwäche ist kein Defizit; Schwäche anzuerkennen gehört zum Bekenntnis des Menschen.[29] Wir sind keine Alleskönner

[28] Jes. 40, 15.

[29] Es mutet schon erstaunlich an, wie sich gerade ein Mann wie Paulus seiner »Schwachheit rühmen« kann. Im 2. Korintherbrief, 12. Kapitel, widmet er ausführlich seine Sicht

und brauchen es auch nicht zu sein. Aber wir können alles das tun, was in unserer menschlichen Kraft liegt, weil wir von Gott Bejahte und zum Leben Gerufene sind. Hierin liegt unser wahrer Stolz, die Chance kreativen Lebens. Eine Sichtweise, die es schwer hat in einer Welt voller Zahlen, Bilanzen, Erfolgsdruck und Ellenbogen.

Die biblisch verstandene »Umkehr« ist eine Lebensaufgabe konträr zu unserer Gesinnung. Sie wirkt sogar lächerlich, weil sie verletzbar macht. Ihre fundamentale Plattform aber ist mehr als ein flach ausgelegtes und damit angreifbares »Dreh dich um und fang neu an …« Sie ist eine zeitlose, grenzenlose, konfessionslose Mahnung zu einer steten Bewegung um die eigene Achse wider alle Überheblichkeit und Fehleinschätzung. Oder anders gesagt, sie zeigt nichts weiter auf als die Forderung, Mensch zu sein und Mensch zu bleiben. Nicht mehr, aber auch nicht weniger. Wie viel Mut gehört heute dazu!

Der Untergang der Titanic stellt den Menschen bloß und weist auf eines hin, den Untergang. Gibt es einen Gott, an den ich von Herzen glaube, geht es nicht um Bloßstellung, sondern um Hilfestellung. Dann geht es um eine permanente Auslotung unserer Gedanken, Worte und Werke, damit unser Lebensschiff tatsächlich in den Hafen einlaufen kann. Sollte dabei manche Kurs-

zur eigenen Schwachheit, die er der Gnade Gottes gegenübersetzt. Kurios klingt der Satz: »Denn wenn ich schwach bin, dann bin ich stark.« 2 Kor 12, 10.

korrektur zu tätigen sein, gehört diese zum gewagten und gelebten Leben dazu. Umwege aber schaffen Ortskenntnisse in dieser nicht immer einfachen, aber dennoch lohnenswerten Welt.

Kapitel 2

»Denn in allem ist dein unvergänglicher Geist«

Weish 12, 1

Eine der schönsten Textpassagen aus dem Buch der Weisheit, wie ich finde, ist enthalten in den Versen 23 bis 26 im 11. Kapitel. Nüchtern bilanziert der Autor, dass nichts auf dieser Welt existieren würde, wenn es nicht aus dem Willen des Schöpfers hervorgegangen wäre. Somit steht ausnahmslos alles – jedes und auch jeder! – im Willen und damit in der Liebe des Schöpfergottes. Gott erweist sich hier als ein wirklicher Gott, der durch die Weite seines Herzens zulassen kann, was ist und wie es ist. Hier ist kein Platz für ein vom Kleingeist des Menschen zeugendes ethnisches, ethisches und moralisches Kastenwesen. Als ein »Freund des Lebens«[30] bleibt dieser Gott inmitten des Lebens dieser Schöpfung geistvoll präsent. Ohne Ausnahme spiegelt alles die geistvolle Wirklichkeit der schöpferischen Kraft wider[31] – wohl manchmal zum Missfallen einiger …

Es müssen aber nicht immer die großen, weltbewegenden Ereignisse sein, die von der Gegenwart des ganz *anderen* berichten. Wer sich darauf einlässt, mit eben jenen

[30] Weish 11, 26.
[31] Weish 12, 1.

anderen Augen auf sich und seine Umwelt zu schauen, kann neue, spannende, nachdenkliche Momente erleben.

Von Maria, dem Zirkus und dem Fernweh

In der ländlichen Kleinstadt, aus der ich komme, gastierte einmal auf unserem großen Fest- und Kirmesplatz, der ein wenig abseits des Ortskernes lag, ein international bekannter Großzirkus. Dies war für uns so etwas wie eine Sensation. Man kann wirklich sagen, dass die nähere und weitere Umgebung unseres Landkreises auf den Beinen war. Zusammen mit Geschwistern und Freunden aus der Nachbarschaft besuchte ich die Abendvorstellung, meine erste in einem Zirkus. Ich war damals so ungefähr 12 oder 13 Jahre alt. Es war eine berauschende Vorstellung. Mit Begeisterung verfolgte ich das vielseitige, aus allen Winkeln dieser Welt zusammengestellte Programm. Besonders die bunte Tierwelt hatte es mir angetan. Tiernummern aller Variationen waren zu sehen. Die Krönung war für mich die Raubtiernummer. Der Courage des Dompteurs, der sich den Großkatzen stellte, zollte ich in hohem Maße meine Bewunderung. Ein gigantisches Erlebnis. Die Zirkuswelt faszinierte mich von Kindesbeinen an. So oft hatte ich nach der Schule, wenn wir für einen

Zirkusbesuch eine Stunde früher schulfrei bekommen hatten, bei den Kleinzirkussen auf dem innerstädtischen Marktplatz vorbeigeschaut und darüber die Zeit vergessen.

Ich kannte sie fast alle. Schnell und so gut wie ohne Probleme verschaffte ich mir immer den Zugang zu den Ställen der Tiere und damit auch zu den in den Wohnwagen lebenden Menschen. Heuballen stapeln, Pferde striegeln, den fremden Kindern bei ihren Übungen zuschauen und mit ihnen zusammen spielen, waren ein Stück aus einer fernen Welt, die ich liebte. Mensch und Tier lebten im Zirkus gemeinsam in einer eigenen souveränen Welt, die von Ort zu Ort immer irgendwie gleich und doch verschieden war. Ich glaube mittlerweile sagen zu können, dass ich mich unbewusst hier mit dem auseinander setzte, was ich später in mir als die Sehnsucht nach der Ferne diagnostiziere. Dieses Gefühl kam schon früh auf. Beispielsweise dann, wenn auf den Schildern der Kassenbuden fahrender Schausteller auf der jährlichen Kirmes zu lesen war: »Junger Mann zum Mitreisen gesucht.« So ergeht es mir heute noch, wenn ich auf Flughäfen stehe oder sich in weiter Höhe Flugzeuge befinden, die im Türkisblau des Himmels ihre weißen Kondensstreifen hinterlassen. Dann male ich mir die Ziele aus, die von den Menschen dort oben angesteuert werden. Aufzubrechen in fremde, noch unbekannte Länder, Landschaft und Leute kennen zu lernen, nach ihren Lebensmotiven zu fragen ist für mich ein bleibendes Faszinosum. Daher berührten mich die vielen Facetten der Zirkuswelt auch so sehr.[32]

Auch für unseren Großzirkus hieß es dann wieder von unserem Städtchen Abschied nehmen. Wir wohnten damals über unserem kleinen Geschäft, das direkt an der Hauptstraße lag. Unser Wohnzimmer befand sich zur Straßenseite hin, unsere Schlafzimmer zur Gartenseite mit dem Blick auf hohe mächtige Pappeln, deren Düfte mich durch das ganze Jahr begleiteten. Die Fenster unseres Wohnzimmers gaben die Sicht auf die historische Fassade meiner Heimatkirche frei, die direkt gegenüber unserem Geschäft stand. Zwischen der Kirche und dem Haus meiner Kinder- und Jugendzeit befand sich die erwähnte Hauptstraße, durch die tagtäglich auch der gesamte Schwerverkehr rollte. Sie war die einzige wichtige Verkehrsader zum Ortseingang oder -ausgang. An jenem Abend konnte ich meine Eltern überreden, doch ein wenig länger aufbleiben zu dürfen, da ich mir im Fernsehen etwas Wichtiges ansehen wollte. Ob es ein Film oder sonst irgendetwas war, vermag ich heute nicht mehr zu sagen. Denn das Fernsehen wurde

32 Ein weiteres schönes »Zirkuserlebnis« möchte ich an dieser Stelle nicht unerwähnt lassen. Zusammen mit meinem damaligen Heimatpfarrer habe ich als Ministrant eine Taufe in einem Kleinzirkus mitten in der Manege assistiert. Die ganze Zirkusfamilie war versammelt, dazu kamen auch viele Leute von außerhalb. Es war ein richtiges Fest mit einem besonderen Charakter.

in den späten Abendstunden zu der unwichtigsten Sache in jener Nacht, so dass ich den Titel der Sendung längst vergessen habe.

Ich saß also in Decken gehüllt allein auf der Couch und schaute in den Fernseher. Plötzlich wurde ich vom Lärm auf der Straße gestört. Mehr noch: Die Scheiben in den Fenstern begannen zu zittern, dazu der Fußboden und die Decke des Hauses aus der Nachkriegszeit. Neugierig schaute ich auf die Straße herunter. Die mächtige Karawane des Zirkus hatte sich zum Aufbruch in eine neue Stadt in Bewegung gesetzt und fuhr unter mir, Wagen für Wagen, vorbei. Unüberhörbar rollten die schweren Lastzüge mit ihrer kostbaren Fracht vorbei. Dies war das größte Programm, das mir nun angeboten wurde. Ich schaltete den Fernseher aus, kniete in Decken auf der Couch, den Kopf in meine Arme gestützt, und schaute so unentwegt aus dem Fenster. Schlepper mit riesigen Anhängern, in denen die Zeltplanen und Stützen untergebracht waren, die fahrenden Ställe der Tiere, die unzähligen Wohnwagen und sämtliche Technikfahrzeuge. In meinem Bauch kam es wieder, das fast schmerzende Gefühl von Fernweh. Mit wehmütigen Gedanken nahm ich Abschied vom Zirkus und schickte meine stillen Grüße hinterher. Ich hatte Tränen in den Augen. Die stumme, bruchsteinerne Fassade unserer Kirche stand dagegen wie eine zeitlose Größe inmitten dieses Trubels. Als die letzten Fahrzeuge die Stille der Nacht zurückgaben, wäre ich am liebsten auf die Turmspitze geklettert, um wenigstens die Rücklichter der Fahrzeuge noch einmal sehen zu können. Der abfahrende Zirkus hinterließ in mir eine Leere.

Diese Geschichte mag vielleicht nur der richtig verstehen, der ebenso so etwas wie Fernweh kennt. Ich bin mir durchaus bewusst, dass da hinein permanente Fluchtfantasien interpretiert werden können, dass man es nicht länger an einem Ort auszuhalten vermag. Oder aber es wird für die ewige Suche nach dem Glück gehalten, das man nie dort antrifft, wo man gerade ist.[33]

Anders gewendet aber hob sich dieses Erlebnis aus meinen Erinnerungen, als ich mich mit den Schriften des Alten Testaments, und dort mit den Erzählungen über die Urgeschichte des Volkes Israel, auseinander setzte. Zahlreich sind die Berichte über die Wanderungen der Stämme Israels durch den Vorderen Orient. Nomaden sind ja bis heute emanzipierte und stolze Großfamilien, Sippschaften, mit eigenen Gesetzmäßigkeiten und sozialen Regeln und lassen sich schwer in ein genormtes Gesellschaftssystem integrieren. Die Geschichten und Überlieferungen haben als das semitische Nomadentum mit seinem eigenen Lebensgefühl einen festen literarischen Platz in der Bibel gefunden. In Bewegung zu bleiben, niemals still zu stehen, sicherte diesen Menschen existenzielles Leben.[34] Auf der Wanderung nach

33 Siehe dazu die Geschichte »Das verlorene Paradies«.

34 Dazu fällt mir eine Textpassage des Liedes »Bleibt alles anders« von Herbert Grönemeyer ein. Es heißt dort: Stillstand ist der Tod.

den Weidegründen für die Tiere, die das Überleben der Sippschaft sicherten und Reichtum bedeuteten, waren die Menschen in Unmittelbarkeit der Natur und ihren Gesetzen ausgesetzt. Nur in Einklang mit ihr konnte Leben gelingen und sie wurde so auch gedeutet. Der Aufbruch gemäß dem Verlauf der Jahreszeiten wurde mehr noch zum Lebensgefühl, zur soziokulturellen Identität.

Irgendwo in den Weiten der Steppe am Rand der Wüste sind die Ursprünge des Monotheismus (Ein-Gott-Glauben) zu suchen. In den Nächten unter den Sternen wurden in den Erzählungen Antworten gesucht nach der sinnhaften Macht des Zusammenspiels von Mensch und Tier im Kreislauf der Schöpfung. Hier wurde in den Herzen der Menschen das unergründliche Geheimnis eines allmächtigen Gottes in die Wiege gelegt. Die Urstämme des biblischen Volkes Israel wanderten nicht nur mit ihren Familien und Tieren, sie nahmen auch ihren Glauben mit auf die Wanderschaft. Das »fahrende Volk« war niemals allein, weil sie Gott immer in ihrer Mitte wussten. Wer sich mit dieser Gewissheit in die Bewegungen des Lebens einschwingen kann, behält ein wachsames Auge und offenes Herz und kann im Verlauf des Lebens aus dieser Unmittelbarkeit Sinn erfahren und deuten.

Die Erzähltradition des Urvaters Abraham im Buch Genesis,[35] einer historisch nicht fassbaren Person, kann

[35] Das Wort Genesis heißt in der griechischen und lateinischen Bibel übersetzt so viel wie Entstehung, Ursprung, weil es über die Ursprünge der Welt, der Menschheitsfami-

im übertragenen Sinne für die unentwegte Suche und das Wagnis der ständigen Wanderschaft der Menschen stehen. In ihm identifizieren sich die kleinen Völkergemeinschaften, die nach ihrer Abstammung, nach ihrem Da-sein, mehr noch, nach ihrem So-sein fragen. Abraham wurde mit der Namensgebung durch Gott so zum wirklichen »Vater der Völkergemeinschaft«[36] im Nahen Orient. Berufen sich doch sowohl die israelitische Volksgruppe als auch die arabische auf denselben Stammvater.[37]

Gerade das Judentum ist geprägt von den Erfahrungen

lie und des Volkes Israel berichtet. Im Hebräischen wird das Buch nach dem ersten Wort »Im Anfang« genannt. Viele orientalische Geschichten, deren Entstehungszeit weit vor ihrer schriftlichen Abfassung zu suchen sind, bilden hier unterschiedliche Erzählstränge und weisen so auf die Vielfalt der einzelnen Gruppen hin, in denen man sich über das »Woher« und »Warum« des Lebens Gedanken machte.

36 Vgl. Gen 17, 1 ff. Der ursprüngliche Name Abram wurde erweitert zu Abraham mit der Bedeutung »Vater der Menge«.

37 Mit der Zeugung Ismaels mit der Sklavin Hagar, vgl. Gen 16, 1 ff., entsprach Abraham altorientalischem Recht, welches ihm auf Grund der Unfruchtbarkeit seiner Frau die Möglichkeit gab, die Nachkommenschaft zu sichern. Wird dann zu einem späteren Zeitpunkt wider Erwarten doch ein Sohn von der eigenen Frau geboren, kann der Vater nach Übergabe von materiellen Gütern unter Freilassung der Sklavin die gezeugten Kinder fortschicken. Bekanntlich wurde Abraham zu unerwarteter Zeit der Sohn Isaak mit seiner Frau Sarah geschenkt, vgl. Gen 18, 1 ff. Isaak steht so für die Völkergemeinschaft Israels, Ismael für die der Araber.

unentwegter Wanderschaft durch Land und Geschichte: Der Hunger, der sie nach Ägypten aufbrechen und das hebräisch sprechende Volk zu Sklaven unter der Pharaonenherrschaft werden ließ,[38] der Auszug aus Ägypten unter der Führung von Mose und die Wanderschaft durch die Wüste in das Gelobte Land, wie im Buch »Exodus« geschildert, das so viel wie »Auszug« bedeutet. Immer und überall bleibt der »unstete Geist« der Bewegung lebendig und wird zum Existential der Nachkommenschaft Abrahams, Isaaks und Jakobs. Dabei prägt die besondere Gottesvorstellung, sich durch einen mitgehenden und wegbegleitenden Gott als geführt und geleitet zu wissen,[39] die Grundeinstellung dieses Volkes. Durch die Beherbergung der steinernen Gesetzestafeln in der tragbaren Bundeslade, die Mose nach der Weisung Gottes anfertigte, wurde das Wort des Unsichtbaren sichtbar präsent.[40] Mehr noch: Gott nahm gleich den Menschen in einem Nomadenzelt seine Wohnstatt unter den Menschen ein. Im Bundeszelt war Gott nicht nur verehrbar, er *wohnte* unter dem wandernden und arbeitenden Volk.[41] Der Allmächtige und über den Himmeln anwesende Gott wurde

[38] Vgl. Gen 43, 1 ff.

[39] Gott zeigt sich immer dort, wo die Menschen ihn am nötigsten brauchen, aber oftmals nicht vermuten: Beispielsweise im brennenden Dornbusch, am Berg Sinai mit der Kundgabe der zehn Gebote als Glaubens- und Lebensregel, als Feuer- oder Wolkensäule auf dem Weg durch die Wüste.

[40] Ex 25, 1 ff.

[41] Ex 26, 1 ff. und Ex 27, 1 ff.

so erfahrbar, greifbar und nahe. Der Abstieg Gottes zu den Menschen, sein Hinabbeugen in die Alltäglichkeit des fließenden Lebens, gewinnt sichtbare Gestalt.

Der Philosoph Johannes hat diesen Hinabstieg Gottes in der Person Jesu zu Beginn seines Evangeliums mit den berühmten Worten ausgedrückt: »Und das Wort ist Fleisch geworden und hat unter uns gewohnt und wir haben seine Herrlichkeit gesehen.«[42] Wörtlich übersetzt heißt es dort im Bezug auf Exodus, Kapitel 33 und 34, er habe *sein Zelt unter den Menschen aufgeschlagen.*

Ein fantastisches Bild für einen Gott unter den Menschen! Ein Gott, der, wie wir im Rheinland sagen, seinen »Püngel schnüren« kann und sich auf den Straßen und Plätzen dieser Welt wohl fühlt, weil er am Leben seiner Liebsten, den Menschen, teilnehmen will. Gott bewegt sich in den Bewegungen der Menschen; er bleibt ihnen nicht fern, sondern er hat auf den Lebenswegen sein Zuhause. Egal, wohin der Weg auch führen mag! Hier bewahrheitet sich der Grundsatz, dass *das Leben nicht statisch und der Glaube Bewegung* ist.

Des Menschen Versuchung, sich Hütten zu bauen und fest einzurichten,[43] steht konträr zur eigenen ursprünglichen Wesensart. Gerufen zum Leben bleibt den Men-

[42] Joh 1, 14a.

[43] Offensichtlich verkennt Petrus auf dem Berg der Verklärung mit seiner Äußerung, Hütten bauen zu wollen, das Grundanliegen seines Gottes, der sich im jüdischen Glauben als ein Weggott erwiesen hatte. Vgl. Mt 17, 1 - 9.

schen ein wachsendes Leben, das sich in fortwährender Veränderung bis zum Tod ein jeweils eigenes »Gehäuse« sucht nach den je gegebenen Möglichkeiten. Die Waage zwischen Veränderung und Konstante heißt, das Abenteuer des umfassenden Lebens zu leben.

Vielleicht weckt das Bild des Zirkus, der so eigenen Welt von Mensch und Tier, in unserer eingerichteten und fertigen Welt diese innere Sehnsucht. Es ist das zeitgenössische Abbild zwischen Beheimatung und Aufbruch, zwischen gelebter Realität und dem Traum von neuen Ufern. Tief in uns schlummert, auch wenn wir den Hang zur Sicherheit und des ewigen »Hier-und-Jetzt-schon-Haben-wollens« nicht leugnen können, die einmal in uns liegende Natur der Wanderschaft zu den neuen, grünen Weideplätzen. Nicht um die Welt hinter sich zu lassen, sondern um der Welt ins Angesicht schauen zu können.

Nicht umsonst, auch das ist ein eindrucksvolles Bild für das Ziel in Fülle, befindet sich im letzten Buch der Bibel, der Offenbarung des Johannes, die Himmelsvorstellung als eine Stadt.[44] Als dem letzten und eigentlichen Pilgerziel des Menschen wird sie als das »neue Jerusalem« in Pracht und Herrlichkeit voll überschäumender Reichtümer beschrieben. Gott wohnt weder in Zelten noch in steinernen Häusern, sondern als immerwährendes Licht in ihr.[45] Die Entbehrungen der Reise werden belohnt mit den paradiesischen Gütern dieser Erde,

[44] Offb 21, 1 ff. und Offb 22 ff.

letztlich aber mit der immerwährenden und garantierten Gegenwart Gottes. Was sich von den Anfängen der Menschheit an vom Buch Genesis ausgehend als wahr erwiesen hat, von der Landschaft eines Gartens über die Pilgerwege durch die Wüste, findet im Glanz eines Stadtbildes als Ziel seine Vollendung. Der Kreis aller Veränderung und Bewegung wird in Gott geschlossen. Es handelt sich um ein ganzheitliches, eben um ein »rundes« Ziel, dem der Mensch entgegengehen soll.

Wohl kaum eine neutestamentliche Gestalt drückt diese hier skizzierten Gedanken so eindrucksvoll aus wie Maria, die Mutter Jesu. Aus dem Judentum geboren, begann sie ihren Weg in der Begegnung mit dem geheimnisvollen Gott in jungen Mädchenjahren. Fast schon staunend steht man vor ihrer Bereitschaft, sich auf die unbekannten Wege Gottes einzulassen, sie, die so ganz Mensch war. Verstanden oder nicht verstanden, sie ging die Wege ihres Sohnes mit, der so schwer zu begreifen war – und glaubte. Bis hinein in die schwärzeste Stunde ihres Lebens, als sie den toten Sohn in den Armen hielt. Das Leben als eine Reise zu verstehen, im Aufbrechen zu neuen Ufern, wird mir durch die Person Maria wie kaum sonst plausibel.

Schon Lukas zeichnet diese Bereitschaft, ein gehender Mensch zu sein, in seinem Evangelium vor. Nach dem Besuch der Hirten an der Krippe des Neugeborenen und in ihrem Bericht über die Geschehnisse in der

[45] Offb 21, 22 - 24.

ersten Weihnacht heißt es: »Maria aber bewahrte alles, was geschehen war, in ihrem Herzen und dachte darüber nach.«[46] Wörtlich aus dem Griechischen sollte man eher sagen: »Sie bewegte alles in ihrem Herzen.« In innerer Aufmerksamkeit lauschte sie über die Bewegungen Gottes und blieb darüber nicht still stehen. Ihr Ja zu Gottes Plänen war ein Ja, auf dem Weg zu bleiben, ohne zu wissen, wie der Weg wohl aussehen mag. Das alte Adventslied »Maria durch ein Dornwald ging« nimmt genau diesen Gedanken auf und besingt in den verschiedenen Strophen den Weg dieser Frau, der ihr am Ende blühende Rosen schenkt. Ich glaube, wenn Maria heute noch unter uns leben würde, sie würde als Schwester der Menschen am liebsten mit einem Zirkus reisen, um so in Stadt und Land bei den Menschen zu sein.

Maria wird als das Urbild von Kirche definiert. Von hieraus lässt sich ebenso vortrefflich das Bild der Kirche als »wanderndes oder pilgerndes Gottesvolk« ableiten. Die wahre Natur der Kirche, entgegen mancher zu Stein gewordenen Dome und Kirchen, ist die Bereitschaft zum Aufbruch in den Glauben als treibende Kraft im Leben. So schön und eindrucksvoll steinerne Zeugnisse auch sind, sie bleiben nur »Zelte« auf dem Pfad der Menschen im Gang durch die Zeiten. Doch selbst hier findet Gott immer wieder einen Weg, sein gegenwärtiges Geheimnis

[46] Lk 2, 19.

leise in den Trubel des Alltags zu flüstern. Sprechen wir doch vom Tabernakel als dem Aufbewahrungsort der Eucharistie, des geweihten Brotes. Gottes Nahrung als Zurüstung für die Reise durch das Leben befindet sich in einem Zelt, denn das lateinische Wort »tabernaculum« heißt übersetzt »Zelt«.
Dazu ein Text von Rainer Maria Rilke[47]

Wer, wenn ich schriee, hörte mich denn aus der Engel Ordnungen?
und gesetzt selbst, es nähme einer mich plötzlich ans Herz:
ich verginge von seinem stärkeren Dasein.
Denn das Schöne ist nichts als des Schrecklichen Anfang,
den wir noch grade ertragen, und wir bewundern es so,
weil es gelassen verschmäht, uns zu zerstören. (...)
Ach, wen vermögen wir denn zu brauchen? Engel nicht, Menschen nicht,
und die findigen Tiere merken es schon,
dass wir nicht sehr verlässlich zu Haus sind
in der gedeuteten Welt. (...)
Weißt du's noch nicht? Wirf aus den Armen die Leere
zu den Räumen hinzu, die wir atmen;
vielleicht dass die Vögel die erweiterte Luft fühlen mit innigerem Flug.

[47] Rainer Maria Rilke, Die Erste Elegie, aus den Duineser Elegien, 1912/1922.

Doch am Größten unter ihnen ist …
die Hoffnung

Wenige Tage vor dem Weihnachtfest 2001 wurden mir von mehreren Seiten Geschenke als kleine Begleiter mit auf die Reise in mein Krankenjahr nach Hamburg gegeben. Unter den Grüßen und Päckchen befand sich mir zur Freude ein zierlicher goldener Anhänger in der Form eines Ankers. Passend zu diesem Geschenk erhielt ich später in der Heiligen Nacht, als ich in eine dicke Jacke gehüllt gerade eine ausgedehnte Wanderung am Elbstrand unternahm, eine SMS-Nachricht via Handy: »Dein Glaube ist stark, Liebe hast du genug in dir. Nur bei der Hoffnung können wir noch nachhelfen …« Ein kleiner goldener Anker als sichtbares Zeichen der Hoffnung gerade in den so menschlich erfahrbaren Tagen der Hoffnungslosigkeit, die ich durch Krankheit erleben musste. Ich habe gestaunt über die Größe dieses winzigen Schmuckstückes, besonders über die tiefe Symbolik eines solchen Geschenks.

Die Hoffnung – vielleicht eine der vergessenen Vokabeln unseres heutigen Sprachgebrauchs, über die nachzudenken es sich lohnt. Wer denkt nicht zu allererst bei der Erwähnung der Hoffnung an die so genannte »paulinische Trias« von Glaube, Hoffnung und Liebe im ersten Brief des Apostels Paulus an die Gemeinde im griechischen Korinth.[48] Paulus' besondere Sorge und Liebe galt der von ihm gegründeten Stiftung im Namen Jesu Christi. In mehreren Briefen hat er versucht, gerade in personeller Abwesenheit dieser nahe zu bleiben. Verschiedene Schreiben beziehungsweise davon erhaltene Teile, unter anderem sein »Tränenbrief«, wurden später zu den beiden Briefen an die Korinther zusammengefasst. Zu den schönsten, ja geradezu spirituellsten Gedanken von Paulus gehört wohl das »Hohelied der Liebe« im 13. Kapitel des ersten Korintherbriefes, das gerne von jungen Paaren zu ihrer Trauung als neutestamentliche Lesung genommen wird. Das Hohelied der Liebe überrascht in Sprache und Wortwahl. Es offenbart den Menschen Paulus in einer besonderen Art. Zudem klingt es ungewöhnlich, fast fremd im Mund eines Mannes. Wenn überhaupt, dann können die niedergeschriebenen Gedanken in ihrer Tiefe nur als wirklich durchlebte Erfahrungen verstanden werden, die das Ergebnis der Weite und Größe allumfassender Liebe vermitteln wollen.

Es stellt sich mir aber die Frage, wie Paulus wohl sein »Lied der Hoffnung« anstimmen würde. Ich hätte es zu gerne gewusst. Ein Lied der Hoffnung als Summe durchstandener Momente von Dunkelheit, Bedrängnis und Ohnmacht. Es gibt wohl keinen Menschen auf unserem Globus, der nicht mehr oder weniger Strophen der

48 1 Kor 13, 13.

Hoffnungslosigkeit mit zerrissenem oder verzweifeltem Herzen in den Himmel geschrieen hat. Die Steigerung solcher Nöte kann so weit gehen, dass am Ende sogar die Kraft zu einem letzten Stammeln fehlt. Schweigende Nacht ist dann das lauteste Lied erfahrener Hoffnungslosigkeit: eine schwermütige dumpfe Melodie ohne Ende, un*hör*bar gesungen für kein Ohr dieser Welt.

Paulus wird diese Momente gekannt haben, dessen bin ich mir sicher. Ob vor den Toren von Damaskus und in den Tagen danach,[49] die ihn grundlegend veränderten, oder in den Stunden der Gefangenschaft und Enttäuschung. Die berühmte »Ginsterstrauch-Stunde« des Propheten Elija, der sich von den Menschen verfolgt wusste und letztlich von Gott verlassen fühlte und kraft- und mutlos geworden den Tod herbeisehnte, erzählt ebenso von einer solchen bitteren Erfahrung.[50] Die äußerst nüchtern gehaltenen Verse im ersten Buch der Könige können wohl kaum die Seelennot des Elija widerspiegeln, der sich unter einem Ginsterstrauch in der Wüste nichts anderes mehr wünscht als die Erlösung durch den Tod.

Hoffnung enthält den inneren Blick auf einen Horizont, das unerschütterliche Wissen um eine Zukunft. Wer diesen Blick und dieses Wissen, die beide die Enge

[49] Vgl. Apg 9, 1 - 22.
[50] Vgl. 1. Kön 19, 1 - 8.

menschlichen Denkens und Fühlens sprengen, verliert, ist in der Tat zur Hoffnungslosigkeit verurteilt. Einen solchen Zustand zu durchleben ist gleichzusetzen mit dem Durchschreiten verlassener Täler und dem Erleiden tiefster seelischer Abgründe. Dabei fällt mir immer wieder ein Wort der Bildhauerin und Künstlerin Barbara Tappeser ein, die mir einmal sagte: »Was, glauben Sie, hat die Menschen im Konzentrationslager oder in Kriegsgefangenschaft am Leben erhalten? Es war nicht die Suppe allein. Es waren die Bilder der Hoffnung, die jeder in sich trägt.« Werden dem Menschen diese Bilder oder wie oben beschrieben diese Lieder genommen, bleibt nur noch Leere, bleibt nur noch Sterben.

Denn das *Wofür* als Grundlage allen Lebens, die Sinnfrage schlechthin, scheint längst unter den Grabplatten der eigenen Existenz verfallen zu sein. Der Zustand der Hoffnungslosigkeit löst im Menschen eine resignative Schwingung von Krankheit, Bitternis, Kraftlosigkeit und Schwermut aus. Mehr noch, er erlebt am eigenen Leib die Standlosigkeit oder besser die Haltlosigkeit seines Lebens dann, wenn die letzten Anker seiner Hoffnungen ins Nichts zerrieseln. Dankbar, wirklich dankbar weil unverdient, gewann ich von so vielen bekannten und unbekannten Menschen in zahlreichen intensiven Gesprächen vertrauensvoll einen Blick in den inneren oft intimen Kern einer solchen von der letzten Hoffnung verlassenen Not. Ein Umstand, der mich oft zu Mitempfinden und Miterleben führte. Der aus einer solchen Art Agonie resultierende Verlust der Hoffnung blieb auch mir nicht erspart. Darum teile ich mit vielen Menschenschwestern und -brüdern das Durchschreiten dieses Schmerzes und fühle mich ihnen aufs Engste verbunden.

Die Heilung aus diesem bittersten Zustand menschlichen Erlebens, und darum hat Paulus im Gleichklang seiner Trias Recht, sind Glaube und Liebe. Wohl kaum können in menschlichen Worten die Tragweite und Bedeutsamkeit in oder aus den wohltuenden Bewegungen von Glauben und Liebe beschrieben werden, wenn diese in ihrer jeweils eigenen Gestalt die Hoffnungslosigkeit durchbrechen. Ein solches Wunder, wie ich es nennen möchte, geschieht leise, vielleicht bescheiden, ist dafür aber wirkmächtig im Zersprengen hoffnungsraubender Ketten. Interessanterweise kommen solche Anstöße meistens von außen, die die Schwärze von den inneren Augen zu nehmen vermögen. Die im Glauben und der Liebe erfahrenen Umarmungen, wenn ich diese wieder zulassen kann, mobilisieren im Menschen gewaltige Kräfte. Vor meinen eigenen Augen konnte ich diese geheimnisvolle Wandlung, das Schöpfen der Hoffnung in hoffnungslosesten Fällen, an den mir anvertrauten Menschen erleben.

Dabei habe ich das hoffnungsvolle Sterben meiner Großmutter immer wieder vor Augen. In den Tagen vor ihrem Tod und selbst in ihrem Sterbemoment hat mich diese schlichte Frau in der Weise ihres »Hinübergangs«, wie der Sterbeprozess oft auch sehr zutreffend genannt wird, beeindruckt. Zweimal flüsterte sie mir in ihrem Dialekt zu: »Wie schön ist's wenn ma weiß, was kommt.« Dabei schaute sie mit großen Augen in eine Welt, die mir noch verborgen blieb. Das Festhalten an einer wissenden, unerschütterlichen Hoffnung auf Leben in dieser paradoxen, geradezu lebensverneinenden Situation wurde ihr zum goldenen Anker. Müßig wäre die Frage nach dem Grund ihrer Haltung an dieser Stelle gewesen. Selbst wenn sie mir in ihren Worten versucht hätte eine Beschreibung dessen zu geben, was sie in diesem Moment als tragfähige Grundlage betrachtete, das zu einem solchen Bekenntnis führte, ich wäre an der äußeren Schwelle ihres Blickwinkels gestolpert. Hoffnung lässt sich letztlich nicht erklären. Sie ist ein grandioses und persönliches Phänomen in den weiten Räumen des Individuums.

Vergleichbar Ähnliches erlebte ich mit einem schwerkranken Krebspatienten, der auf zielsicherer Gerade auf seinen Tod hin sein Schicksal »selbst in die Hand nahm« und vom Sterbebett aus mit ablesbarer Hoffnung Würde und Sieg ausstrahlte.

Oder der 16-jährige Jugendliche, der nach abgebrochener Lehre und tief empfundener Perspektivlosigkeit immer wieder neue Gehversuche in seinem jungen Leben wagt. Die junge Frau, die an ihrer zerrüttenden Ehe und komplizierten Familienverhältnissen litt und unter tiefen Depressionen stehend durch das Zulassen der »Sonnenstrahlen« glaubender und liebender Menschen zu neuen Ufern aufbrechen konnte.

Daran wird deutlich, wie wichtig das gegenseitige Schenken in Freud und Leid den Menschen als soziales Wesen auszeichnet. Wenn dann falsche Fassaden weichen und Ehrlichkeit zur Hilfe für einen nächsten, wenn auch kleinen Schritt wird, wird das Geschenk der Nächstenliebe in einer manchmal so kalten Welt zur trostvollen und damit zur heilvollen Erfahrung. Das Schöpfen des Wassers aus der Quelle der Hoffnung geschieht immer in den eigenen Tiefen menschlichen Lebens. Es braucht aber oft die Begleitung und den Anstoß von außen.

Ich übertreibe nicht, wenn ich sage, dass wie nirgendwo sonst im ausgewogenen Geben und Nehmen von Glaube, Hoffnung und Liebe die *Berufung* zum echten Menschsein deutlich wird. Nicht nur dem Empfangenden, auch dem Gebenden wird dieser Austausch zum echten Geschenk; wird der Mensch mit all seinen Stärken und Schwächen zum Geschenk. Fast neige ich dazu, diesen Überlegungen Shakespeares Wort über die Gnade auf eine Ebene zu stellen, weil eine wiedergeborene Hoffnung durch Glaube und Liebe im Menschen dem Geschenk der Gnade gleich kommt. So lässt er den Kaufmann von Venedig sagen: »Die Art der Gnade weiß von keinem Zwang, sie träufelt wie des Himmels milder Regen zur Erde unter, zwiefach gesegnet: Sie segnet den, der gibt, und den, der nimmt.«[51]

[51] William Shakespeare, Der Kaufmann von Venedig, IV, 1.

Hier suche ich auch den ersten Anker der genialen Idee vom Menschen, die Gott am Anfang seiner Schöpfung erträumt hat. Die im Kreislauf eines Lebens durchlittenen, aber nie sinnlos durchstandenen Wegabschnitte füllen jeden einzelnen zu einer ganzheitlichen und einmaligen Gestalt. Der berühmte Wiener Neurologe und Psychiater Viktor E. Frankl konnte daher das Leben jedes Menschen als »Denkmal« bezeichnen.[52] Von einer solchen Würde ausgezeichnet, wird der Anker der Hoffnung wider aller Hoffnungslosigkeit zum garantierten Halt selbst in den von keinem menschlichen Verstand mehr begreifbaren Situationen. Ist ein solches Unikat der Würde, das jeder einzelne Mensch ist, nicht wert, sich mitzuteilen von Lebensabschnitt zu Lebensabschnitt? Wie vielen könnte durch solche lebendigen Bausteine der Hoffnung zur rechten Zeit ein goldener Anker in schweren Stunden gereicht werden?

Ich zolle an dieser Stelle ausdrücklich meine Hochachtung all jenen, die es immer wieder neu vermögen, ein Lied der Hoffnung anzustimmen, Zeugnis für die wandelnde Kraft der Hoffnung abzulegen. Dazu zähle ich in fast schon universalerweise das Lied »We are the world« von Michael Jackson und Lionel Richie, das von so vielen gesungen, für mich zu einer hoffnungsvollen Melodie geworden ist. Darin heißt es unter anderem:

[52] Vgl. dazu Viktor E. Frankl, Der unbewusste Gott, Psychotherapie und Religion, München 1988, S 92 - 95.

When you're down and out, there seems no hope at all,
but if you just believe there's no way we can fall.
Let us realize that a change can only come,
when we stand together as one.

Übersetzung:
Wenn du gänzlich unten bist und es überhaupt keine Hoffnung mehr zu geben scheint,
du aber doch glaubst, dass es keine Möglichkeit gibt, dass wir ganz fallen,
lass uns daran denken, dass nur dann eine Änderung kommen kann,
wenn wir als »eins« zusammenstehen.

Das Kreuz mit dem Kreuz

Bei einem Nachmittagsgesprächskreis mit jungen Müttern im Kindergarten ging es einmal um das Thema Karwoche und Ostern, Tod und Auferstehung und der Umgang mit Kindern zu diesen Themen. Eine Mutter sagte mir dann: »Mein Kind möchte, dass ich das Kreuz aus dem Kinderzimmer nehme, es gefällt ihm nicht. Obwohl ich schon oft versucht habe ihm zu erklären, wer es ist und was es ist. Schließlich habe ich klein beigegeben.« Meine Antwort dazu war: »Ich denke, der einzig Vernünftige scheint wohl Ihr Kind zu sein! Dann nehmen Sie das Kreuz doch eine Zeit lang aus dem Kinderzimmer weg. Der grausame Anblick eines geschundenen Körpers an einem Holzpfahl, an dem wir uns gemeinhin schon gewöhnt haben, hinterlässt bei Kleinkindern – Gott sei Dank! – oft Abscheu, oder sie bekommen Angst.«

Mit der Errichtung des Kreuzes auf dem Hügel Golgatha vor den Toren der Stadt Jerusalem, um den Mann Jesus von Nazareth zu töten, wurde das Kreuz populär und ging wohl oder übel in die Geschichte ein. Das aberwitzige Folterinstrument an dem nachweislich Tausende unter grausamen Qualen hingerichtet wurden, spricht für den bestialischen Einfallsreichtum des Menschen in den Methoden, seinesgleichen auszuschalten. Dazu sollte man wissen, dass der zum Kreuzestod Verurteilte oft tagelang unter beißenden Schmerzen und üblen Halluzinationen dem schleichenden Tod entgegensiechte. Die eigentliche Todesursache ist Erstickung. Die Leichname blieben in der Regel an den Kreuzen hängen, die an öffentlichen Verkehrsstraßen als Abschreckung aufgerichtet wurden. Irgendwann, wenn die Sonne, Krähen oder andere Aasfresser ihr Werk vollendet hatten, fielen die halbverwesten Knochen herunter und gaben das hölzerne Todesinstrument wieder frei. Die Römer haben diese Form der Verurteilung von Verbrechern aus dem Orient übernommen.[53] Nicht nur die grau-

[53] Die Urheimat der Kreuzigung ist im alten Assyrien zu suchen. Von hieraus übernahmen erst die Babylonier,

same Art und Weise der Folter, die mit dem sicheren Tod endete, war zu Recht gefürchtet. Der Verurteilte wurde auch seiner letzten Würde beraubt, die ein Mensch, auch ein Verbrecher noch hat. Völlig nackt wurde er den Blicken der Öffentlichkeit zur Schau gestellt und damit dem Spott anheim gegeben. Selbst für die Römer war diese Hinrichtungsweise derart verpönt, dass sie an römischen Staatsbürgern nicht ausgeübt, das heißt nur an Menschen zweiter Klasse vollstreckt wurde.

Mit dem Sterben Jesu am Kreuz, eigentlich durch seinen Sieg über das Kreuz, wie uns das Neue Testament berichtet, wurde das Kreuz zu einem österlichen Symbol, zum Symbol der Auferstehung und des Triumphes. Wer sich mit dem Kreuz befasst, befasst sich mit dem schieren Wahnsinn dieser Welt. Leid, Folter, Abschaum, getretene Menschenwürde, Hass, kaltblütiger Wille zum Töten, Eifersucht, Eitelkeiten, Unverständnis und Spott werden wohl kaum so deutlich wie hier. Von daher ist mir die naive Ablehnung des Kreuzes an der Kinderzimmerwand durch das Kleinkind nur verständlich. Vielleicht haben wir uns an den Anblick des Kreuzes, das nach 2000 Jahren mittlerweile hoffähig ist, zu sehr gewöhnt, als dass es uns aus der Fassung bringt. Kreuze am Wegrand, in den Kirchen, in privaten Räumen, als »Schmuck«-Gegenstand an Kettchen und Bändern, auf

dann die Meder, später die Perser die Kreuzigung. Über Karthago wurde die Kreuzigung auch auf der italischen Halbinsel bekannt.

den Friedhöfen, reihenweise, kilometerweise auf den »Helden«-Friedhöfen … überall gegenwärtig, immer mehr aber inhaltslos und damit sprachlos geworden.

Man würde mich missverstehen, wenn ich eine Renaissance des Kreuzes wünschen würde. Im Gegenteil, viel zu lange, sogar bis in unsere Tage hinein, ist das Kreuz zur Unterdrückung der Menschen missbraucht worden. Das Siegeszeichen der Bibel wurde Jahrhunderte lang dazu benutzt, das Leid des Menschen dauerhaft, mitunter lebenslang zu erklären und zum Wesenszug des Christentums zu erklären: Der sich zum Christentum bekennende Mensch als ein vom Kreuz seines Lebens gedrückter und gezeichneter. Eine gottgewollte Daseinsweise … Vielleicht ist es das größte Verdienst meines alten Heimatpfarrers, mich mit der Frage des Kreuzes konfrontiert zu haben. Bei seiner Abschiedspredigt, die ich als junger Erwachsener hörte, forderte er: »Bleibt eine österliche Gemeinde!« Anstelle eines Wortes vom Kreuz hinterließ er mit diesem Appell gleichsam sein geistliches Vermächtnis, das mich nachhaltig berührte. Da war nicht wie zu erwarten die Rede von Geduld oder Ausdauer unter dem Kreuz bis zu einem großen Ziel hin. Da war die Rede von einer Seinsweise, einer österlichen wohlgemerkt, die ich nicht verstand. Zu sehr war mein Blick auf den Sterbenden, auf den Blick des Karfreitags fokussiert, als dass ich meinen Blick auf den schon kurz danach kommenden Ostermorgen als Dauerzustand hätte richten können. Natürlich wusste ich um

Ostern und die Auferstehungsberichte. Natürlich wusste ich irgendwie um die Bewegung des Christentums, die eigentlich mit der ungeheuren Erfahrung von Ostern zu tun hatte, aber das Kreuz stand dominant im Raum meines Denkens. Da hatte mir jemand eine Hausaufgabe für Jahre gegeben, dazu noch ein alter Priester. Immer dann, wenn Menschen, ob jung oder alt, mit ihren Problemen zu mir kamen, den großen, übergroßen oder kleinen Sorgen, schwang dieses Wort von Ostern in mir – und ich sah doch nur Kreuze. Auch an mir selbst ging das Kreuz nicht vorüber. Irgendetwas konnte nicht stimmen. Spätestens als mich meine eigenen Kreuze, die jeder im Leben erfährt, derart zu Boden drückten, dass sie mir die Kraft zum Leben nahmen, brauchte ich Gewissheit: Bist du für das Kreuz geboren oder für Ostern?!

Als in der katholischen Kirche die Heiligsprechung Edith Steins vorbereitet wurde, eine vom Judentum über den Atheismus zum Christentum konvertierte Ordensfrau, kaufte ich mir eines ihrer berühmtesten Schriften, »Kreuzeswissenschaft«. Edith Steins Eigenart war es, nichts ungeprüft hinzunehmen. Als Vierzehnjährige hatte sie den Glauben an ihre Väter, das Judentum, verloren. Sie nannte sich selbst Atheistin, eine Gottlose, weil sie nicht an das Dasein Gottes glauben konnte. Sie suchte unerbittlich nach der Wahrheit. Sie ging den Dingen auf den Grund. Nicht ahnend, dass sie damit den suchte, von dem sie sich in jungen Jahren abgewandt hatte. Ganz nach Immanuel Kant: »Habe Mut, dich deines Verstandes zu bedienen.« Sie erhielt auf eigenen Wunsch bei ihrer Einkleidung als Ordensfrau, sie trat in den Karmel ein, den Namen »Schwester Theresia Benedicta a cruce«, Theresa vom Kreuz gesegnet. Die Kreuzeswissenschaft, sie nannte es die »scientia crucis«, ist ihr letztes schriftliches Werk, das sie uns hinterlassen hat, bevor sie von den Nazis in den Gaskammern von Auschwitz getötet wurde.

Zugegeben, auch hier wurde ich mit der bitteren Realität des Kreuzes konfrontiert. Bei ihr ist der gekreuzigte Christus, kein Christus der Revolution, der Anpassung oder der einfachen Wege. Sie weiß, »... dass diese keine bloße Theorie ist, sondern lebendige, wirkliche und wirksame Wahrheit, sie gibt der Seele ein bestimmtes Gepräge«, wie sie schreibt, »sie bestimmt ihr Tun und Lassen.«[54] Dennoch haftet dem Werk Edith Steins etwas Außergewöhnliches an, welches das Kreuz um das Kreuz bringt, so seltsam sich dies auch anhören mag. Es handelt sich dabei nicht um eine Beschönigung des Kreuzes, dafür erlebte sie selbst das Kreuz zu sehr am eigenen Leib. Aber sie lehrte mich eines der wichtigsten Erkenntnisse: *Durch* das Kreuz sehe ich Ostern. Mit anderen Worten, ohne den Karfreitag gibt es kein Ostern, ohne den Tod keine Auferstehung. Das Kreuz wird vor der aufbrechenden Ostersonne transparent und seiner letztgültigen, nämlich lebensbedrohlichen Bedeutung beraubt.

54 Edith Stein, Kreuzeswissenschaft, S. 3.

Interessanterweise wird der auferstandene Christus in der Kunst neben gleißendem, hellen Licht und einer wehenden Siegesfahne als lichtdurchfluteter Leib dargestellt, an dem die Wundmahle der Kreuzigung erkennbar, also weder wegretuschiert noch weggeschminkt sind. Mich erstaunt, dass sich ein solcher Christus im Kunstgefallen der Menschen, außer in einigen wenigen Ausnahmen, nicht durchsetzen konnte. Sicherlich liegt das an der schwer zu beschreibenden und damit kaum darzustellenden Vorstellung von Auferstehung. Bleibt doch der Auferstandene auch in den Osterberichten der Evangelien nicht greifbar und entzieht sich immer wieder dem menschlichen Verlangen, das unfassbare Phänomen »Auferstehung« mit Händen zu greifen.[55] Einfacher, weil faktisch greifbarer, hatte es dagegen der Schmerzensmann am Kreuz. Selbstverständlich auch daher, weil der mit Leid geschundene Körper der Realität des Lebens eher entspricht als der unvorstellbare und un-glaubliche »verklärte« Leib eines zur Erde nicht mehr ganz gehörenden Menschen. In bis heute unzählbaren Variationen wurde Jesus am Kreuz in der Kunst dargestellt. Die ersten Kreuzesbilder wurden in der jungen Kirche aber erst erstaunlich spät modern. Die Christus-Darstellungen der ersten Jahrhunderte zeigen eher den jungen Mann Jesus als Hirten beziehungsweise Jüngling. Die Ursache liegt unter anderem

[55] Vgl. dazu Joh 20, 11 - 18.

darin, dass neben dem langsam schmelzenden Bilderverbot ein Kreuz das verräterischste Zeichen für die noch verbotene junge Kirche war. Ihr Geheimzeichen war der Fisch.[56] Die ersten Abbildungen Jesu als Gekreuzigten kommen aus dem östlichen Raum. Sie zeigen Jesus eher als den Sieger, den König am Kreuz in erhabener Positur – seinem königlichen, göttlichen Stand entsprechend. Das erste Monumental-Kruzifix in romanischer Zeit ist das berühmte Gero-Kreuz im Kölner Dom. Der Gekreuzigte wird hier zum ersten Mal in Lebensgröße, aber trotz seiner Wunden und Leiden als würdevoll und erlöst dargestellt. Auch hier ist die erhabene königliche Aura nicht zu verkennen. Im Zuge der Ausbreitung der Pest in gotischer Zeit beginnt man ohne Scheu Jesus als den durch den Martertod am Kreuz Gequälten und mit dem Tode Ringenden in seinen wirklich menschlichen Zügen abzubilden. Den Menschen im Mittelalter wurde so der mit Wunden übersäte Leib des Herrn in den Siechenhäusern zur Identifikation und zum Trost beige-

[56] Der Fisch (ιχτυσ – auf Griechisch) war auch ein theologisch tiefes Symbol des Geheimnisses der Person Jesu. Jeder einzelne Buchstabe definiert die Gestalt Jesu und wird – zusammengefasst – das erste Glaubensbekenntnis der Kirche: Jesus, Christus, Gott, Sohn, Erlöser – (Jesus ist der Gesalbte, er ist Gottes Sohn und der Erlöser). Die schlichte Fischzeichnung erfreut sich wieder neuer Beliebtheit bei vielen Christen. Wer einmal aufmerksam auf so manchen Wagen schaut, auf der Straße im Stau beispielsweise, findet den Fish-Sticker relativ schnell.

sellt: eine im übertragenen Sinne permanent bildlich gehaltene Predigt. Das berühmte Isenheimer Altarbild von Mathias Grünewald[57] wurde beispielsweise ebenso für die Leidenden ihrer Zeit geschaffen. Jesus wurde so im Leid zum Bruder aller Menschen. Das genau ist der springende Punkt! Nicht das Aushalten des Leids wurde den Menschen bildhaft gepredigt. Ich persönlich würde das für eine Tragödie, eine die Menschen entwürdigende Art billiger Vertröstung auf den kommenden Himmel halten. Unter dem Deckmantel des gekreuzigten Christus wurde viel zu oft die aktive Auseinandersetzung mit dem »Woher« des Leids leichtfertig und blind unter den Teppich gekehrt. Hinzu kommt, dass uns im Namen desselben Jesus die Aufgabe zur Nächstenliebe und damit zur Linderung der Schmerzen der Menschen als Gemeinschaftswerk ausdrücklich[58] übertragen wurde.[59] Gerade hier bricht die Problematik einer meiner Meinung nach falsch verstandenen Kreuzestheologie auf, wie ich sie oben erwähnte. Nicht der gekreuzigte Mann ist das Ziel

[57] Das berühmte Altarbild wurde zwischen 1505 und 1516 für das Antoniterkloster in Isenheim geschaffen.

[58] Dazu brauche ich nur wieder den Akt der Fußwaschung am Gründonnerstagabend zu erwähnen. Siehe Kapitel 3.

[59] Das Lebenszeugnis der meisten uns unbekannten Menschen, die sich in pflegerischen Berufen oft bis zum Tod aufopferten, möchte ich an dieser Stelle keineswegs schmälern! Dennoch drängt sich immer wieder der Verdacht auf, dass eine solche »delegierte« Hilfe oft eine Entschuldigung ist, die eigenen Hände zum Nichtstun zu verurteilen.

des Christen! Der Blick auf das Kreuz öffnet die Augen für einen adäquaten Umgang mit dem Leid, und das ist ein enormer Unterschied! Es gilt auf den zu schauen, der das Leid zwar auf sich nahm, das Leid aber besiegte! Ein immerwährender Karfreitag wird zur Zwangsjacke des Menschen, der doch seine erste Berufung, nämlich erlöster und befreiter Mensch zu sein, vorausahnend in der Welt leben soll. Dann erst wird deutlich, was damit gemeint ist, ein wirklich österlicher, ein christusförmiger Mensch zu sein. Niemand hält einem Dauerkreuzweg, einem ewigen Karfreitag stand. Selbst der unheilbar Kranke, so wie ich es an manchen Krankenbetten erfahren *musste*, wandelt sich erst, wenn ihm der Ausblick auf die österlichen Sonnenstrahlen den Mut und die Kraft gibt, neuen Sinn zu entwickeln. Wenn Jesus ein für alle Mal, wie wir glauben, die Welt befreit und erlöst hat, bedarf es keiner neuen vereinzelten Kreuzigungsakte privater Natur mehr. Es hieße, der Tat Jesu nicht ganz zu vertrauen, vielleicht sogar dieser kleingläubig ein wenig nachhelfen zu wollen. Der Akt der Befreiung lässt sich nur durch die Ostererfahrung rückwirkend auf das konkret zu lebende Leben integrieren. Genau das, was der Motor der ersten Christen war: Die bis dahin einmalige und neue Lehre des Jesus von Nazareth glaubwürdig und heilbringend in die Welt zu tragen.

Weiteren, sicherlich nicht unkontroversen Diskussionsstoff kann folgende Meinung bieten, die ich hier einmal vorstellen möchte. Eine junge Frau sagte mir einmal selbstbewusst, dass Jesus das Leid des Kreuzes nicht gespürt habe. Mein Unverständnis war groß! Mit einfachen Worten versuchte sie mir zu erklären, dass, wenn jemand für ein Ziel, beispielsweise die Rettung eines Kindes aus dem Feuer, sein Leben einsetzt, er die Schmerzen im Moment der Aktion völlig außer Acht lässt. Dies wäre die Erfahrung so mancher Eltern, die sich oft im Nachhinein fragen müssten, unter welchen »Schmerzen« sie ihre Kinder aus manchen Situationen gerettet hätten, aber zum Zeitpunkt ihrer Tat von einer Einwirkung des Schmerzfaktors so gut wie unberührt geblieben sind. Mit dieser Aussage, die ich an dieser Stelle wertneutral zur weiteren Überlegung skizziere, ohne damit fertig zu sein, soll ausgedrückt werden, dass der Leidensmoment Jesu unter dem Kreuz relativiert, zumindest reduziert wird, zugunsten seines höheren Ziels: der Rettung der Menschen.[60] Sollte ein Fünkchen Wahrheit in dieser These liegen, dann kann auch die

[60] Eine gewagte Theorie ist es allemal. Plausibel erscheinen allerdings dann die oftmals mehr als fragwürdigen, sogar schmerznivellierenden Erzählungen großer Heiligengestalten der Kirche, die von der »Freude« im Martyrium für Christus oder in einem körperlichen Leiden sprechen. Therese von Lisieux beispielsweise, eine meiner Lieblingsheiligen, vereint beides: ihr als »Berufung« angenommenes Martyrium in der Krankheit, die sie mit einem ihrem Wesen entsprechenden »Sinn für Gelassenheit« ertrug, ohne jemals die Schwere und die Dunkelheit der Situation zu unterschätzen.

Krankheit eines Menschen zugunsten eines sinnhaften Zieles als zumindest ertragbar erkannt werden …

Edith Stein schenkte unserer Kirche, das ist wahr, das längst verloren geglaubte und manchmal hohl gewordene Kreuz zurück. Das Kreuz, das für Leidensbereitschaft steht, die zum Leben als bittere menschliche Realität dazu gehört. Aber auch für den Sieg eines Gottes, der einen toten Baum zum Lebensquell eines ganzen Kosmos umgestaltet hat. Ihre wenigen letzten Worte auf dem Schifferstadter Bahnhof bei Speyer bei ihrer Deportation waren: »Es geht nach dem Osten.« Es war ein Zusatz als Gruß an die Schwestern daheim. Diese Worte waren mehr als nur eine geographische Angabe. Als die Frauen, die Jesus bis unter das Kreuz begleitet hatten, in der Frühe nach dem jüdischen Pessachfest zum Grab kamen, um den toten Leichnam Jesu zu salben, ging im Osten gerade die Sonne auf, der neue Morgen, der Ostermorgen. Und sie hörten die Botschaft: Erschreckt nicht! Ihr sucht Jesus den Gekreuzigten. Er ist auferstanden, er ist nicht hier.[61] Jesus nicht unter den Toten, sondern unter den Lebenden zu suchen und ihn unter den Menschen *leben*sfähig und damit er*leb*bar »auferstehen« zu lassen ist der Urauftrag der wirklichen Jünger Christi. Will Christus der Bruder der Menschen sein, werden wir gemäß seiner Worte und Taten und um seiner geschenkten Liebe Willen diesen Auftrag als eine lebenserfüllende und befreiende Verhei-

[61] Vgl. Mk 16, 6.

ßung an alle Menschen jeweils auf eigene, persönliche Weise zu verkünden und zu bezeugen haben.

Nicht, dass ich schon eine Antwort hätte, vielleicht bin ich manchmal weiter von ihr entfernt, als ich es mir selber wünsche. Aber mit den Worten, ein österlicher Mensch zu sein, kann jeder von uns in sich ungeahnte Kräfte und eine über das Leid hinausragende Weite wirklich österlich entfalten. Denn es geht um das Leben und nicht um den Tod. Und es kann folglich nur schwer jemand zur Erkenntnis Gottes kommen, wenn er nicht die Kreuzesbrücke über Jesus Christus beschritten hat.

An dieser Stelle erinnere ich mich an ein Lied eines Jugendchores, das mich seinerzeit tief getroffen hat. Das Lied mit dem Titel »Schuldlos schuldig« berichtet in eindrucksvoller Weise in zeitgenössischer Form das Karfreitagsgeschehen. Es besingt mit dem Schlussteil aber eindeutig, für welchen Preis unschuldiges Blut vergossen wurde. Genau das wird die lockende und auf Zukunft hin unterscheidend christliche Verkündigung sein, die, wenn sie ernsthaft durch Taten abgedeckt ist, auf dem Markt der religiösen Möglichkeiten die Menschen überzeugt und gerne zu Christen werden lässt:

Schuldlos schuldig und verraten
hängst Du zwischen Gott und Welt.
Bist in unseren Krieg geraten
und bringst Frieden
und bringst Frieden für die Welt.

Erinnern Sie sich noch an Ihren ersten Kuss? Dabei meine ich nicht das freundschaftliche Wangenküsschen oder was man bei uns im Rheinland liebevoll das »Bützchen« nennt. Es geht um *den* Kuss in Ihrem Leben. Der Kuss, bei dem Sie zum ersten Mal von allen Sinnen gleicher Maßen betört und beraubt wurden, wo nichts anderes mehr galt als nur der Moment. Sich wirklich liebende Menschen beschreiben dieses Erleben nur in rätselhaften Bruchstücken. Sie sprechen von einem Moment, in dem scheinbar die Wirklichkeit von Zeit und Raum im Kuss der Liebe zusammengeschmolzen ist. Der Kuss also als Grenzerfahrung einer – wie soll man es ausdrücken – besonderen Dimension. Der Wiener Künstler Gustav Klimt hat den Zustand der Versenkung im Kuss bildnerisch unter dem gleichnamigen Titel auf hervorragende Weise umgesetzt. Die Partner verschmelzen dort zu einer Lebensmitte, die alles andere vergessen lässt. Die Zuordnung der Farben, besonders der reiche Auftrag des Goldes, lässt göttliche Gegenwart aufleuchten. Gott ist mit den Liebenden, er selbst ist der Gönner der Liebe, weil er die Liebe ist.[62]

Nach meiner Auffassung ist dies in unseren materiell verfassten Ordnungen der Welt ein Einbruch außeror-

62 Siehe dazu das Bild von Gustav Klimt auf der Umschlagseite.

dentlicher Wirklichkeiten, eine Transzendenzerfahrung. Wie sonst können schon im Irdischen Ahnungen des Göttlichen erlebt werden, wenn nicht durch das Aufheben der Schwerkraft, also durch geistvolle Erfahrung? Vor diesem Hintergrund liest sich die Berufungsgeschichte des jungen Jeremia[63] im Alten Testament einmal anders. Von Jeremia werden uns seine menschlichen Züge in der Bibel wie sonst kaum bei einem anderen Propheten geschildert. Sie verraten leidenschaftliches Mitgefühl genauso wie Enttäuschung, Zorn und Not. Er ist jener, der vor Kampfesgeist strotzt, dem aber auch die Zärtlichkeit in seinen Empfindungen nicht fremd ist. Er ist von durchaus religiöser, aber nicht sonderlich bedeutender Herkunft und kommt als junger Mann mit dem Göttlichen in Berührung. Das Wort Gottes ist fordernd: »Noch ehe ich dich im Mutterleib formte, habe ich dich ausersehen (...). Zum Propheten für die Völker habe ich dich bestimmt.« Der junge Mann Jeremia ist clever genug zu wissen, welches Schicksal einen Propheten in dieser Welt erwartet. Er hat den Mut gegenüber Gott, der ihm zu erwartenden Aufgabe zu widersprechen. Er fühlt sich den Anforderungen Gottes nicht gewachsen. Er wehrt sich mit den so verständlichen Worten: »Ach, mein Gott und Herr, ich kann doch nicht reden, ich bin ja noch so jung.« Es gehört zur seltsamen Art Gottes in biblischen Berufungserzählungen, kaum auf die Einwände des Menschen einzugehen,

[63] Vgl. Jer 1, 4 - 10.

sie scheinbar zu überhören. Gott ist sich seiner Sache mit den Menschen sicher. Wer genau hinsieht, wird beobachten können, wie die Klage um das eigene Defizit von Gott sehr wohl erhört wird, die Bitte sogar erfüllt wird. Gott schenkt, was der Mensch braucht, manchmal in einer unerhört aufdringlichen Art und Weise. So außerordentlich unerhört, dass Jeremia an anderer Stelle resümierend sagen wird: »Du hast mich betört, o Herr, und ich ließ mich betören; du hast mich gepackt und überwältigt.«[64] Die deutsche Einheitsübersetzung trägt der eigentlichen Grausamkeit des Moments der Berührung mit Gott wohl kaum Rechnung. Sinngemäß müsste es aus dem Hebräischen etwa so lauten: »Du hast mich vergewaltigt.«

Nur der- oder diejenigen, die einmal in einer außerordentlichen Begegnung in Berührung mit dem Göttlichen kamen, können wirklich davon erzählen, dass die Art Gottes durchaus grausam, freiheitsberaubend, fast schon dämonisch sein kann. Weil Gott alles Fassbare sprengt, bleibt er auch als Gott immer der Fremde. In seinem steten Bemühen, dem Menschen ein greif- und begreifbares Gegenüber zu sein, kann Gott genau auch die gegenteilige Position, die eines »Liebhabers«, eines »Verführers« einnehmen. Genau davon berichtet Jeremia: »Dann streckte der Herr seine Hand aus, berührte meinen Mund und sagte zu mir: Hiermit lege ich meine Worte in deinen Mund. Sieh her! Am heutigen Tag setze

[64] Jer 20, 7.

ich dich über Völker und Reiche; Du sollst ausreißen und niederreißen, vernichten und einreißen, aufbauen und einpflanzen.«[65] Gott also berührt den Mund Jeremias, er nimmt ihn bei der Hand, er nimmt ihn in den Arm. Wie würden Sie die Worte vor einem solchen Hintergrund interpretieren, wenn es heißt: »Ich lege dir meine Worte in deinen Mund«? Gott schenkt seine Herzensmitte, sein Wort, sein Gefühl bei den Menschen zu sein, auf die Lippen Jeremias. Jeremias Zunge wird Träger des Wortes eines anderen, seines Gottes. Es berühren sich Mund und Mund, Lippe und Lippe, Zunge und Zunge. Das Persönlichste, was Gott hat, nämlich sich selbst, schenkt er in einem der persönlichsten Momente, weil er sich gut aufgehoben fühlt bei dem, der zukünftig in seinem Namen, in seiner Art, mit seinem Herzen sprechen soll. Sogar Worte des Unheils werden zum Gegenstand der Verkündigung. Gott bleibt auch jetzt der Wahrhaftige, er legt die Bandbreite der Berufungsbeziehung zwischen ihm und Jeremia offen. Der »Berufungskuss« Gottes ist der magische Auslöser einer überwältigenden Beziehung, die Jeremia bis an den Rand seiner Kräfte und in Verzweiflung führt. Das Wissen aber, ein von Gott Geführter und Berührter zu sein, bleibt lebenslange Wirklichkeit, lebendig wie der erste Kuss, der alles um ihn herum vergessen ließ. Betörend, packend, überwältigend, fast schon ein Hauch von »erotischer Gewalt«, der man sich nicht entziehen kann.

[65] Jer 1, 9 - 10.

Jeremia wird diesen Moment, der eher ein berauschender Zustand in den Armen Gottes war, nie wieder vergessen.

Zu welcher Fülle die Heilige Schrift in der Beschreibung des unbeschreiblichen Gottes greifen kann, wird in der Berufungsgeschichte Jeremias deutlich. Gott setzt so sehr außer Kontrolle, was kontrolliert in den Händen der Menschen ist, dass er mit dem Schönsten und Tiefsten seines Wesens, was wir mit Liebe umschreiben, *Berührungen des Ewigen* schafft. Schon im Buch der Sprichwörter in der Sammlung der Weisheitssprüche heißt es: »Einen Kuss auf die Lippen gibt, wer richtig antwortet.«[66] Der Kuss deckt Wahres auf und enthält Wahres. Wie Gott sein Wesen im »Berufungskuss« dem Jeremia offen legt und auch die Folgen einer Beziehung zu ihm nicht leugnet, so wird das Ebenbild Gottes, der Mensch, sich selbst im wahren Kuss nicht verraten können. Ich gehe sogar soweit zu sagen, dass selbst Judas mit seinem Kuss im Garten Gethsemane seinen Herrn bis ins Äußerste liebte, ihn zur Offenlegung seiner Macht drängen wollte, seine Wege aber letztlich nicht verstand (und wer versteht die Wege Gottes schon ...?).[67]

[66] Spr 24, 26.

[67] Lk 22, 48. Die Sitte, zur Begrüßung einen Kuss zu geben, sicherlich ist hier eine andere »Art« von Kuss gemeint als der Kuss der Liebenden, ist im Orient bis heute verbreitet und zieht sich quer durch das ganze Alte Testament. Dem sinnlich geprägten Orient, wie viele biblische Geschichten beweisen, ist eine körperliche Nähe seit alters her nicht fremd. Anders dagegen in unseren Breitengraden.

Warum sollte eine solche sinnliche Interpretation der Berufungsgeschichte des jungen Jeremias anmaßend scheinen?

Dorothee Sölle, die wohl prominenteste Hamburger Theologin unserer Tage, plädiert geradezu, die »Erotik Gottes« nicht für eine Totalisierung unserer kalten Geschäftswelt aufzugeben. »Können wir denn ohne, die Liebe Gottes, die höher ist als alle Vernunft, leben? Ist nicht der Verzicht auf Religion ein Verzicht auf Eros? Von einem Menschen zu sagen er sei ›unerotisch‹, scheint mir eine Art Todesurteil.«[68] Liebe als religiöser »Ort«, als Geburtsstunde religiöser Erfahrung im Menschen heißt doch dann nichts anderes, als dass Gott im Menschen Ahnungen von Zeit- und Raumlosigkeit, die Dimensionen des Höchsten also, tatsächlich aufleuchten lassen kann.

Erinnern Sie sich noch an Ihren ersten Kuss? Der Kuss, bei dem Sie zum ersten Mal von allen Sinnen gleicher Maßen betört und beraubt wurden, wo nichts anderes mehr galt als nur der Moment? Diese unvergessliche Erfahrung gemacht zu haben, sich – wenn auch nur für Bruchteile im Laufe eines Lebens – in diesem Zustand aufgehalten zu haben, ist Geschenk des Höchsten, oder wie ich formulieren möchte: *Berührung des Ewigen.*

[67] Dorothee Sölle im Hamburger Abendblatt: »Die Bibel heute«, im September 2001.

Die Liebe

Als Theologe über die Liebe zu schreiben oder über sie zu sprechen scheint für viele gleichbedeutend dem Aufeinandertreffen von zwei völlig fremden Welten. »Wie kann man davon Ahnung haben …?« kommt dabei unterschwellig oft zum Ausdruck. Ich maße mir an, genauso viel oder wenig von der Liebe zu wissen wie alle anderen Menschen auch. Es schmerzt, wenn man feststellen muss, dass selbst die, von denen man annehmen müsste, durch das Leben geprägte »Fachleute« in Sachen Liebe zu sein, weit von dem entfernt sind, was wir als das Ideal von Liebe erstreben. So versuche ich hier dennoch meine Gedanken über das großartige Phänomen am Menschen, welches in Wahrheit ein Existential ist, einfließen zu lassen. Und ich scheue mich auch nicht vor diesem sicherlich erotischsten Kapitel, da selbst die Bibel, wenn sie von der Liebe spricht, ein eigenes erotisches Buch in ihrer Sammlung kennt. Auf das so genannte »Hohe Lied«, das man zur Weisheitsliteratur im Alten Testament zählt, komme ich später zu sprechen.

»Es gibt, und das ist wahr, Liebe ohne Ehe. Es gibt, und das ist auch wahr, Ehe ohne Liebe.« Mit diesem Satz, den ich als junger Ministrant oft zu hören bekam, konfrontierte mein alter Heimatpfarrer in der Regel die Brautpaare bei ihrer Trauung. Eine wahre Zumutung für Braut und Bräutigam in der Stunde höchsten Glücks vor dem Altar. Was dieser Pfarrer den beiden aber auf ihren Lebensweg mitgeben wollte, war sicherlich nicht die ernüchternde Bilanz von einer »ortlos« gewordenen und damit verlorenen Liebe. Vielmehr versuchte er immer wieder, den eigentlichen Ursprung echter Liebe, die die menschlichen Grenzen wohlsortierter Kleingeistigkeit zu sprengen vermag, bewusst zu machen.

Die Kirche hält an ihrem Glauben fest, dass die Ehe zwischen Mann und Frau ein Sakrament ist, ein erfahrbares und erlebbares Zeichen also, das sich diese beiden vor Gott schenken. »Stifter« dieses Sakraments ist nicht der Priester, sondern sind die beiden Eheleute! Liebe wird nicht von außen verordnet, sie wird von zwei Menschen in einem der kleinsten Worte unseres deutschen Sprachgebrauchs, dem »Ja«, gegenseitig »gespendet«, geschenkt. Dies ist ein wenig beachteter, aber grundlegender Punkt, will man das Phänomen der Liebe wirklich begreifen.

Was Liebe ist, wird oft in Bildern deutlich. Auch ich versuche es durch eine Wortspielerei zu erklären und nehme dafür ein Buch zu Hilfe. Dass sich Liebe ihren Platz gerade auch in der vom Schöpfer geschenkten Sexualität ausdrückt, wird von zwei sich liebenden Partnern in besonderer Weise gelebt. Im »Entblättern« des Partners wird die Weite und Sensibilität dieses Geschenkes in kaum zu überbietender Weise zum Ausdruck gebracht. Denn das menschliche Gegenüber erhält die

Erlaubnis, die von der Außenwelt geschützt gehaltenen Seiten des Lebens aufblättern zu dürfen. Wem in behutsamer Achtsamkeit auf diesem Weg die Einmaligkeit dieses Moments bewusst wird, fängt an, zwischen den Zeilen zu lesen, die Wirklichkeit des anderen zu buchstabieren, persönlich gewachsene – also die zur Person gewordenen – Geschichten aufzudecken. Kein Buch kann an Reichtum und Spannung dem gleichkommen, als das vom Leben erzählende Buch jeder einzelnen Person. So wird auch der mittlerweile nostalgisch gewordene Satz von den »guten und bösen Tagen« im Blättern des Lebensbuches zur leibhaftigen Realität im Alltag echter und tragfähiger Liebe. Sämtliche Kapitel, die Sonnenseiten und auch die Schattenseiten, die ja erst zusammen das Ganze des Menschen umfassen und ausmachen, werden dem zugemutet, der aufmerksam liest. Alles in allem entsteht so der jeweils persönliche Lebensroman, in dem (und nur so!) die Würde des Einzelnen abzulesen ist. Mit anderen Worten, wirkliche Liebe ereignet sich gerade nicht beim »Genuss der Schokoladenseiten« des Lebens. Liebt jemand ehrlich und aufrichtig den anderen um seiner selbst willen, werden die schweren, belastenden Kapitel weder zugedeckt noch überschlagen. Lieben heißt, diese Würde des Partners oder der Partnerin anzunehmen, den Menschen ganz, so wie er oder sie ist, zu lieben. Das vertrauensvolle Sich-schenken und Be-schenken gestattet dem jeweils anderen, den Menschen als Menschen zu bejahen. Liebe heißt, mich und den anderen zu erkennen. Gerade die Bibel macht deutlich, dass Erkennen und Lieben auf eines hinausläuft, weil sie für diese beiden Phänomene ein und dasselbe Wort findet.[69]

Daher gibt es kaum ein größeres Geschenk auf dieser Welt, als erfahren zu dürfen, vor dem anderen in der Schwachheit dennoch ein ganzer, ein geliebter Mensch zu sein. »Geliebt wirst du einzig, wo du schwach dich zeigen darfst, ohne Stärke zu provozieren.« Dieses Wort von Theodor W. Adorno wurde mir einmal zum Nachdenken gegeben. Ich bin von der Wahrheit dieses Wortes überzeugt.

Darum ist die Liebe immer ein »Sich-Trauen«. Möchte der Mensch nicht zeit seines Lebens am Rand des Geschehens, am Rand des Lebens stehen bleiben – zuweilen verloren stehen bleiben – wird er sich zur Liebe trauen, weil die Sehnsucht nach Lebensfülle, nicht nach einem aussortierten, sondern nach einem ganzen Leben, selbst über holprige Wege hinweg zur Liebe befähigt. Das bedeutet auch, die Liebe in allen ihren Facetten zwar nicht immer zu erfassen, sie aber zuzulassen und an sich heranzulassen. Zutrauen, Vertrauen, Anvertrauen werden dann ihre Vitalität aus den Wurzeln einer größeren, nie ganz erschöpfbaren Wirklichkeit haben. Und dies nennen wir Liebe.

[69] So antwortet beispielsweise das jüdische Mädchen Maria dem Engel bei der Ankündigung der Geburt ihres Kindes Jesu: »Wie soll das geschehen, weil ich keinen Mann *erkenne*?«, vgl. Lk 1, 34.

Die amerikanische Schauspielerin Kate Winslet sagte einmal: »Mir ist es im Leben sehr wichtig, jemanden mit ganzer Kraft zu lieben, eine Beziehung mit ihm zu führen und trotz aller Risiken herauszufinden, wer ich wirklich bin.« Im Verschenken an den anderen, im Geben und Nehmen einer auf Wechselseitigkeit gegründeten Beziehung erfahrenen Vertrauens und Zutrauens wird die ureigene Existenz des Menschen gelesen. Hier erfahre ich, im anderen mich selbst zu schauen, werde ich wirklich Mensch.

Im französischen Kinofilm »Die fabelhafte Welt der Amelie« wird dieser Gedanke durch einen Spruch, der auf eine Hauswand gemalt ist, thematisiert. Wie ein roter Faden fokussiert sich die Weltsicht und der Handlungsraum der jungen Frau Amelie auf die folgenden Worte: »Ohne dich wären die Gefühle von heute wie die leeren Hülsen von damals.« Am Ende des Films erkennt Amelie einzig durch die Liebe eines Gegenübers, wer und wie sie wirklich ist. Alle ihre Träume und ihr liebevolles Tun für die Nächsten können sie nicht darüber hinwegtäuschen, dass erst erfahrene Liebe sie lehren muss, dass sie weder übersehen noch vergessen ist. Geliebt zu sein macht zur Liebe erst fähig. Amelie *erkennt* an dem bedeutungsvollsten Wendepunkt ihres Lebens, dass die leer gebliebenen Hülsen ihrer Vergangenheit nur von ehrlicher und aufrichtiger Liebe gefüllt werden.

Im Deutschen wird diese Erkenntnis durch das Wortpaar »Ja« und »Du« deutlich. Das ausgesprochene »Ja«

gilt in einer Beziehung dem Du. Es sind die beiden kürzesten Worte. Worte aber mit Gewicht beziehungsweise in Person. Wer sich traut zu seinem Gegenüber Ja zu sagen, dieses Ja an sich heranzulassen, überspringt den Graben der Mutlosigkeit. Er hält sich bereit für viel Neues und Unerwartetes. Denn dieses Ja schließt die ganze Entwicklung ein, die ein Mensch durchmachen wird: alle Höhen und Tiefen, alle positiven und negativen Wandlungen. Dieses Ja enthält genauso Erfolg und Glücksmomente wie Krankheit und Leid, ja sogar den Tod. Wer Leben leben und erfahren will, investiert in die Bereitschaft, das Lebensbuch seines Gegenübers als lebendig anzunehmen. Und er darf eines nicht, nämlich dieses geliebte Ja festlegen auf nur einen bestimmten Teil dieses Romans. Er wird langmütig und gütig, nachsichtig und wahrhaftig allen Überraschungen standhalten und sie vielleicht auch ertragen.

Die bewusste Entscheidung für den anderen, die sich im Du und Ja ausdrückt, ist ein Geschehen unaufhörlicher Wiederholung. Es ist das tägliche Investieren in eine Beziehung, die keine falsch verstandene Sicherheit, aber das Leben pur bedeutet. »Liebe wird mit dem Kleingeld des Alltags bezahlt«, so sagte mir einmal ein Landpfarrer. Ein bemerkenswertes Bild für die im Alltag sich bewährende und wachsende Liebe. Die Entscheidung füreinander ist der Beweis für das Leben, das gemeinsam gefunden werden will. Sie ist eben nicht der Beweis der Einengung. Martin Buber formuliert es so: »Der

Gegensatz von Zwang ist nicht Freiheit, sondern Bindung.« Denn am Ende sind es nicht die Fähigkeiten, die uns zeigen, was für ein Mensch der andere ist, sondern die Entscheidungen, die er trifft.

Was ist das doch für ein herrlicher Glaube, der daran festhält, dass diese Motivation, ein Leben so leben zu wollen, aus dem Willen eines Gottes heraus geschehen zu lassen, der genau das will: dass das Leben, dass die Liebe gelingt. Und eben deshalb wird es ein Geheimnis bleiben, mit welcher übergroßen Liebe Gott sein schönstes Werk, den Menschen, mit eben einer solchen Kraft und Dynamik, die er selbst ist,[70] ausstattet und befähigt.

Unverständlich erscheint daher das für viele immer noch falsch verstandene Tabu, die Sinnlichkeit der Liebe mit der Religion in Verbindung zu bringen. Um eines deutlich zu machen: Moral ist keine Religion! Wohl speist sich ethisches Handeln aus der Religion. Sie ist aber nicht ihr Ursprung selbst. Eine solche Werteverschiebung lastet bis heute auf den Kirchen als gewaltige Hypothek. Wollen sie in Zukunft glaubwürdig die Liebe, die Gott selbst im Menschen ist, zum Gegenstand ihrer Verkündigung machen, wird es Zeit zum Aufbruch zu neuen Ufern. Die zuweilen auch aus soziokulturellen Zwängen entstandenen Entgleisungen entbehren jeglicher biblischer Grundlage. Im Gegenteil, die Leib-

70 Vgl. dazu die Aussage im 1. Johannesbrief über Gott und die Liebe.

feindlichkleit in manchen christlichen Jahrhunderten ist dem Weltbild der Bibel sogar völlig fremd. Die Heilige Schrift, wie wir die Bibel nennen, vermittelt uns ein Menschenbild, das uns eine einseitige Beschreibung des Mensch-Seins verbietet: alttestamentliche Anthropologie spricht vom Leib als dem Bild der Seele, die in ihm sichtbar wird. Die Schönheit des Körpers ist Abbild, ist Spiegelbild der Schönheit der Seele. Sie ist eine Schönheit, die aus dem Innern kommt. Die Auffassung, der Körper könnte Gegenpart der Seele sein, ist biblisch nicht haltbar. Dies wird im Buch der Liebeslyrik »Schir Haschirim«,[71] das übersetzt Hohes Lied oder Lied der Lieder heißt, in blumiger, wohl aber poetisch schöner Sprache zum Ausdruck gebracht. Die Leiblichkeit trägt im Buch Schir Haschirim noch nicht das Zeichen des Makels, das der ständigen Enthüllung bedarf. Hüllenlos bietet sich der Körper in seiner Schönheit dem hebräischen Sänger dar, ob er nun diese Schönheit um ihrer selbst Willen oder als Gleichnis besingt. Die Vorstellung von Unzucht ist dem Preislied des Hohen Liedes

[71] Das Hohe Lied entstand vermutlich im 4. Jhr. vor Christus in Palästina nach dem Exil des jüdischen Volkes in Ägypten und scheint auch von dort beeinflusst worden zu sein. Neben einer allegorischen, also sinnbildlichen Deutung bei Juden und Christen für die Beziehung zwischen Gott und Mensch ist es wahrscheinlich auch als alter kanaanitischer Kulttext zur Heiligen Hochzeit benutzt worden. Dementsprechend wird es heute wieder mehr als menschliche Liebeslyrik im Kanon der Bibel interpretiert.

nicht zuträglich. Wertfrei zeigt sich die Leiblichkeit, der menschliche Körper, im hebräischen Menschenbild.

Weder der Dichter des Hohen Liedes noch die Propheten scheuten sich, die Leiblichkeit unumwunden zu benennen und sie zu beschreiben. Die Verwendung erotischer Bilder in den Gleichnissen eröffnet sogar die Möglichkeit einer allegorischen Deutung des Hohen Liedes. Das Hohe Lied, das die Tradition der Kirche dem König Salomo als Autor zuschreibt, wurde im Judentum gedeutet als das Liebesverhältnis zwischen Gott und dem Volk Israel. In der jüdischen Mystik war es zusätzlich ein Gleichnis für das Liebesverhältnis zwischen Gott und der menschlichen Seele. Im Christentum ging man in der Patristik und Scholastik ähnliche Wege und deutete das Hohe Lied als Darstellung des Verhältnisses zwischen Christus und der Kirche beziehungsweise Christus und der Seele. Viele weitere, auch untragbare Deutungsversuche haben die zugegebenen manchmal gewagten Formulierungen des Hohen Liedes auch allzu oft geschmälert oder zu verhüllen versucht. Es wird wohl auch nie mit einem puritanisch-bürgerlichen Ideal in Einklang gebracht werden können. Das Preislied Schir Haschirim bleibt, als was es geschrieben wurde: Es ist ein Liebeslied, das die Bejahung des Leibes in seiner vollendeten Schönheit besingt. Der Leib ist eben nicht, wie Platon einmal sagte, »das Grab der Seele«. Dieses Denken entstammt der griechischen Philosophie.[72]

72 Der große Theologe und Philosoph des Mittelalters, Thomas von Aquin, der griechisches, genauer gesagt, aristoteli-

Für einen sich auf die wirkliche Liebe einlassenden Menschen ist es eine von der Bibel zugemutete Herausforderung, weil neben der Liebesfreude der Liebesschmerz den gleichen Stellenwert erfährt. In acht Kapiteln werden die aus weiblicher Sicht geschriebenen Erinnerungen und Sehnsüchte nach dem Geliebten in gleicher Weise betont wie Verzückung und Schmerz. Die Liebe ist ein Wechselgeschehen im Kreislauf von Erfüllung, Verlangen und durchzustehender Leere. Ein solcher radikal gelebter Liebesbegriff, wie er im Buch Schir Haschirim dargeboten wird, umfasst Euphorie und Depression. Die bis ins Äußerste gehende Annahme legt die Grenzerfahrung einer so beschriebenen Liebe sprichwörtlich offen. Bernhard von Clairvaux hat einmal gesagt: »Das Maß der Liebe ist die Maßlosigkeit.« Hier wird diese Maßlosigkeit der Liebe sichtbar. Der Grund für diese tief empfundene Liebe gipfelt im Neuen Testament in Gott selbst: »Wer nicht liebt, hat von Gott nichts verstanden, denn Gott ist Liebe.«[73] Die einzig wirkliche Definition des undefinierbaren Gottes ist Liebe. Wer Gott in sich trägt, liebt. Er liebt wie Gott: im Geben und Nehmen, im Ermöglichen von Wachsen und Reifen; er gibt Raum zum Leben und wird gleichzeitig im Gesche-

sches Gedankengut mit der Theologie zu verbinden suchte, sagt: »Leib und Seele sind eine unmittelbare Seinseinheit; und nicht die Seele ist der ‚eigentliche' Mensch, sondern der eigentliche und wahre Mensch ist eben diese unmittelbare Seinseinheit aus Leib und Seele; der Leib gehört mit zum Wesen des Menschen.« Summa Theologiae 1, 12.

[73] 1 Joh. 4, 8.

hen der Liebe selbst ganz lebendig. Oder anders formuliert: Geliebt zu werden, ruft in einem jeden von uns die Fähigkeit hervor, auch lieben zu können. Und das ohne Zwänge und ohne Absicht. Die göttliche Spur des Allgegenwärtigen wird in der Liebe, auch über Durststrecken hinweg, zum Sakrament, zum realen Zeichen. Wer möchte sich nicht in dieser göttlichen Wirklichkeit bergen, da sie nichts anderes enthält, als den Menschen zum Menschen zu machen. Im Schatten Gottes diese wirkmächtige Liebe in Demut und Achtung zu leben und zu spüren, ruft Fantasie zur Gestaltung gelebten und geliebten Lebens hervor. Die Liebe ist unausschöpflich und reich und wohltuend. »Sie ist in der Tat ein Wunder, eine *fabelhafte Welt*, die ihre eigene Zeit braucht«, wie mir ein Kinobesucher im Gespräch nach dem Film »Amelie« nachdenklich mitteilte.

Schön bist du, meine Freundin, ja, du bist schön.
Hinter dem Schleier deine Augen wie Tauben.
(...) Rote Bänder sind deine Lippen; lieblich ist dein Mund.
(...) Wenn der Tag verweht und die Schatten wachsen,
will ich zum Myrrhenberg gehen, zum Weihrauchhügel.
Alles an dir ist schön, meine Freundin, kein Makel haftet an dir.
(...) Die Quelle des Gartens bist du, ein Brunnen lebendigen Wassers,
Wasser vom Libanon.
Hohe Lied, Kapitel 4

Kapitel 3

»Wäre einer auch vollkommen
unter den Menschen,
er wird kein Ansehen genießen,
wenn ihm deine Weisheit fehlt.«

Weish 9, 6

Immer wieder begegnen wir auf den verschiedenen Stationen des Lebens Menschen, die tiefe Spuren in uns hinterlassen. Das Leben ist eine ständige Begegnung mit ihnen. Voller Dankbarkeit kann auch ich immer wieder auf jene blicken, die auf ihre individuelle Art und Weise mein Leben reicher und vielfältiger gemacht haben. Kurze Augenblicke nur oder aber über Jahre, wenn nicht Jahrzehnte dauernde Zugehörigkeit. All dies prägt uns im Leben zu dem einzigartigen Menschen, der oder die jeder von uns ist.

Und jeder bietet für jeden die unvergleichliche Chance, durch das jeweilige Gegenüber den Hauch der Fantasie Gottes zu spüren, die er in allem lebendig werden lässt. Im folgenden Kapitel sind Gedanken über Menschen gesammelt, die durch die Besonderheit ihrer Person auch mich berührt haben. Nicht nur, weil sie so herzlich Mensch sind, sondern auch deshalb, weil sie es in meinen Augen durch die Eigenart ihres Bezugs zum Leben zu Größe und Ansehen gebracht haben – auch wenn es für einen Perspektivwechsel an der Zeit ist ...

Ein Stück von Ostern

Begegnung mit einem Menschen, durch dessen Augen sich mir der Sinn von Auferstehung neu offenbarte.

Es war Karsamstag 1997. Eine Anfang der Karwoche erfolgte Augenoperation war der äußere Anlass, mich an einem Tag wie diesem, so unmittelbar vor Ostern, zu einem Check-up nach Köln zu begeben. So machte ich mich zum Bahnhof auf. Wie so oft erlebt: Kaum am Bahnhof angekommen stellte ich fest, dass der Zug wenige Minuten zuvor schon abgefahren war. Was nun? Warten auf den nächsten Zug? Der kam erst gegen Mittag, viel zu spät. So würde der wichtige Arzttermin ins Wasser fallen. Mit dem Taxi nach Köln? Dafür hatte ich kurz nach Abschluss der Studien nun wirklich nicht das Geld. Immerhin waren es mehr als 50 Kilometer Fahrtstrecke. Außerdem hatte ich, wie es kommen musste, an jenem Morgen auch noch viel zu wenig Geld dabei. Auf Grund eingeschränkter Sehfähigkeit, einer Augenbinde und starker Medikamente war es mir auch unmöglich, das Auto zu benutzen. Zu Fuß, auch wenn ich für mein Leben gern wandere – dies war beim besten

Willen zu weit. Ich wäre sicherlich auch erst Ostermontag angekommen ... Was also tun? So entschloss ich mich das zu tun, was ich schon oft in der Not getan hatte: Daumen raus und per Anhalter. Irgendwo an der Auffahrt zur Autobahn musste doch jemand Erbarmen mit mir haben. So machte ich es dann auch. Warten auf den Zufall, so sagen wir so oft. Zufälle, gibt es die überhaupt ...?

Tatsächlich hält ein Autofahrer. Ein uralter, vor Rost und Staub nicht mehr als weiß zu bezeichnender Kombi mit einem Anhänger fährt vor. Das, was ich dann erlebte, hat sich tief in meine Erinnerung eingegraben. Ein Mann mittleren Alters mit schulterlangem Haar und einer mehr als ungepflegten Erscheinung fragt mich nach meinem Ziel. Nach kurzer Erläuterung erklärt er sich bereit, mich mitzunehmen. Er weist mich auf den Rücksitz seines Wagens, den er eigens für mich von Gerümpel und grobem Schmutz befreit. Als ich die Beifahrertür ganz öffne, schlägt mir eine Welle der verschiedensten, übelsten »Düfte und Gerüche« ins Gesicht.

So steige ich ein, um über Kisten, Werkzeuge, Abfälle und allerhand undefinierbarer Dinge meinen Platz einzunehmen. Der Beifahrersitz fehlt. Für Mitreisende ist eben kein Platz eingeplant. Überhaupt: »Wer will denn schon mit mir reisen, wofür dann einen Beifahrersitz, wenn ich den Platz noch anders ausfüllen kann?«, so dieser Mann. Auf der Rückbank angekommen, selbst dies erwies sich als gar nicht so einfach, bleibt uns nur der Rückspiegel zur Kommunikation. Der aber wiederum erlaubt mir Einblicke in das Gesicht jenes fremden Mannes. Ich sehe nur die Augen. Die verklebt verschmierten Haare, die ganze äußere Erscheinung des Mannes, das ganze außergewöhnliche Ambiente des Wageninneren verschwinden. Es bleiben nur die Augen.

Die Fahrt beginnt. Neben den üblichen Plaudereien versucht der Mann nach einiger Zeit Analysen der gegenwärtigen Situation von Staat und Gesellschaft. Meine Antworten fallen eher knapp aus, da meine Gedanken schon weit voraus sind. Und zwar genau dort, wo ich mich auf halber Strecke nach einer neuen Mitfahrgelegenheit umsehen muss. Dies hatte mir der unbekannte Mann, dessen Namen ich nie erfuhr, von Anfang an mitgeteilt.

Plötzlich, mitten im eher eintönigen und einseitig geführten Gespräch die Frage: »Was machen Sie eigentlich?« Und ich erzähle in knappen Worten von meinem Studium, meiner Arbeit und meiner Vorfreude auf das kurz bevorstehende Osterfest. Kaum, dass ich ausgesprochen hatte, fügte der Mann hinzu: »Dann glauben Sie an das ewige Leben?!« Ich antworte spontan: »Ja.« Seine Reaktion: »Deshalb sind Sie so!« Und ich sehe über den Rückspiegel in dunkle, große und verwunderte Augen. Das ist es, was ich heute noch vor mir habe. Wie viele Fragen, wie viel Sehnsucht, wie viel Hoffnung sprachen aus diesen Augen. Die Frage des Unbekannten provoziert ja geradezu, sich und die Zielsetzung seiner irdischen Existenz und seines Glaubens neu in den Blick zu nehmen.

Und damit kehrte die Frage zur eigenen Überprüfung wieder zurück zu mir: Glaube ich tatsächlich an das ewige Leben? Ewiges Leben, Auferstehung – vielleicht doch nicht nur Märchen oder billige Vertröstung, vielleicht doch der Anfang einer ungeahnten Zukunft …? »Dann glauben Sie an das ewige Leben?« Der Glaube an die Auferstehung, an das, was wir mit ihr verbinden, ist nicht lernbar, machbar oder erzwingbar. Man kann an die Botschaft, die uns aus dem Felsengrab überliefert ist, so begreife ich immer mehr, nur glauben oder um diesen Glauben beten! Da es keinen Beweis über das gibt, was Auferstehung ist, fällt die Erklärung darüber auch so schwer. Den Frauen, wie es uns beispielsweise das Lukas-Evangelium berichtet, wird in der Frühe des ersten Tages der Woche diese unglaubliche, Zeit und Raum sprengende Botschaft vom Leben einfach zugemutet.[74] Eine Botschaft, die sie weder rational abwägen noch wissenschaftlich diskutieren können. Die Erfahrung der ersten Jünger mit Jesu Tod und dem Ereignis danach, das wir heute Ostern nennen, muss so todvernichtend und damit lebensbejahend gewesen sein, dass sie im wahrsten Sinne des Wortes den Stein ins Rollen brachten und darüber redeten. Bis heute fällt es sogar den meisten Christen schwer, an eine Form der Auferstehung zu glauben.

[74] Vgl. Lk. 24, 1 ff.

Berthold Brecht, der große und sicherlich auch tragische deutsche Sohn, wie er genannt wird, meinte einmal in seinem »großen Dankeschoral« sarkastisch:

Lobet von Herzen das schlechte Gedächtnis des Himmels
und dass er nicht kennt euren Nam' noch Gesicht;
niemand weiß, dass ihr noch da seid.

Auferstehung ist die Äußerung des Ewigen, dass wir nicht verlorene oder vergessene Kinder Gottes sind. Auferstehung *ist* das gute Gedächtnis des Himmels, der sich an jeden einzelnen erinnert und ihn zum Leben zurückberuft. Selbst dann, wenn die Verwundungen des Kreuzes noch sichtbar und nicht ausgeheilt sind und der Tod seine kalte Sprache spricht. Ich glaube einfach, dass wir Gott verraten, wenn wir dem Tod mehr zutrauen als Gott. Die Sprengkraft des leeren Grabes ist der Ausgangspunkt aller Dynamik im Leben des Christentums, das dazu berufen ist, den auferstandenen Christus mitten in dieser Welt zu verkörpern. Damit menschliches Leben gelingen kann oder zumindest von der Hoffnung einer Zukunft erzählt wird, die unabhängig für jeden schon jetzt ergreifbar ist. Mit dem Wissen um den Sinn meines Daseins habe ich die Kraft, mich aufrichten zu lassen, mich aus dem Sessel meiner Lähmung zu befreien, *aufzustehen*. Dann eben beginnt sinnerfülltes, neues Leben im Hier und Jetzt. Der Kreuzweg ist beendet. Im Schmerz des einen Menschen am Kreuz sind die Schmerzen aller Menschen ausgesprochen worden. Kann ich mich mit dem Gekreuzigten identifizieren, wie viel mehr dann mit dem Ziel, für das er das Leiden auf sich nahm: dem Leben.

Glauben Sie an das ewige Leben? Ich hätte auf die Frage des Mannes nicht einfach »nein« sagen können.

Übrigens, kurz nachdem mich der unbekannte Fahrer an unserem ausgemachten Haltepunkt auf halber Wegstrecke hat aussteigen lassen und ich mich nach einer neuen Fahrgelegenheit umsah, hupte es. Als ich mich umdrehte, stand er wieder vor mir, der Mann mit seinen langen Haaren, mit erwartungsvollem Blick. »Ich fahre Sie nach Köln«, sagte er, »habe meinen Anhänger schneller abgeben können als ich dachte. Wollen Sie mit mir fahren, wenn sie mir ein bisschen Spritgeld dazugeben, weil ich selbst nicht so viel habe?« Und zwischen Werkzeug und Gerümpel, zwischen Staub und Müll sprachen wir über Hoffnung, Zukunft und Glaube und das Leben an sich und das Leben danach.

Heute weiß ich, dass in diesem Moment ein Stück Ostern begonnen hatte.

Das verlorene Paradies

Der Traum vom Paradies als einem Ort der Ruhe und der Lebensfülle ohne Tränen und Leid gehört zu einem jeden von uns. Unser aller Leben nimmt bisweilen makabere, Leben zerstörende Formen an. Krieg und Terror, Zerstörung und Gewalt, Tod und Krankheit reißen uns immer wieder spürbar kalt aus diesem Traum. Ich denke, jeder von uns kann mehr oder weniger sein eigenes schmerzvolles Klagelied singen. Körperliche Gebrechen führen manchmal im wahrsten Sinne des Wortes an den Rand der Verzweiflung. Wo bleibt dann das versprochene Paradies? Und überhaupt, sind wir denn schuld, dass, um mit den Bildern der Bibel zu sprechen, ein Mann und eine Frau aus welchen Gründen auch immer, den Zorn Gottes so heraufbeschworen haben, dass auch wir immer noch unter der Vertreibung zu leiden haben? Ein komischer, unglaublicher Gott, der nie verzeiht …

Der erste Schöpfungsbericht der Heiligen Schrift[75], das so genannte »Sieben Tage Werk«, mit dem ein uns unbekannter Autor seine Gedanken über die Entstehung der Erde hinterlassen hat, ist ein Stück Weltliteratur und wirklich jedem bekannt. Ich möchte mit Ihnen, liebe Leserin, lieber Leser, über dieses beson-

[75] Gen 1, 1 - 2, 3

dere Kapitel ein wenig nachdenken. Fast schon poetisch hat dort der Schreiber sein Werk in Worte gefasst. Grundlage scheint ein Lied, ein Gedicht zu sein. Denn in der strophischen Versfolge nach jedem vollbrachten Tag beziehungsweise nach jedem vollbrachten Werk heißt es im Refrain jedes Mal: »Siehe, es war gut.« Gottes Schöpfungswerk gipfelt dem Dichter nach im Gesamtkonzept einer vollkommenen, einer perfekten Welt. Es ist das, was wir Paradies nennen. Der heile, heilige und heiligmachende Ort … fast schon märchenhaft, zauberhaft.

Zunehmend müssten wir eigentlich kleinlaut feststellen, dass wir von solchen biblischen Bildern geradezu an der Nase herumgeführt werden. Gleich, wie dem Esel mit Hilfe der Mohrrübe vor seinen Augen ein Ziel, ein Leckerbissen, vorgegaukelt wird, das er trotz allen Einsatzes, trotz aller Anstrengungen niemals erreichen wird. Wie sagte mir neulich ein junger Mann: »Guck dich doch um, die Welt ist doch grottenschlecht!« Sind wir nicht allesamt um das Paradies betrogene Kinder Gottes? Manchmal ist es mir, dass ich am Ende der so beschönigenden Schöpfungsgeschichte am liebsten widersprechen möchte und ein »Siehe, es war überhaupt nicht gut« oder mit den oben zitierten Worten ein »Guck mal, die Welt ist doch grottenschlecht« unter das Kapitel der Genesis setzen wollte.

Dazu möchte ich von einem Kinofilm erzählen. Der Titel des Filmes heißt »The Beach – Der Strand« mit Leonardo di Caprio in der Hauptrolle. Ein Film mit religiösem Inhalt, wie ich meine. (Ich bin ein begeisterter Kinogänger, und überhaupt werden heute die meisten biblischen Geschichten im Kino erzählt – nur eben etwas moderner ...). Die Geschichte berichtet von einem von einer Wohlstands- und Konsumgesellschaft verwöhnten jungen Mann namens Richard. Gerade dem jugendlichen Alter entsprungen, übersättigt mit Langeweile, enttäuscht von den vielen falschen Versprechungen und aufgesetzten Masken der Menschen, sucht er den letzten »Kick«, das letzte Abenteuer dieser Erde. Ein unbekanntes Ziel muss es sein, ohne dass er weiß wohin. Die Sucht nach dem Anderen veranlasst ihn immer wieder neue Schritte zu wagen, die ihn selbst ins Erstaunen versetzen. Der Hunger nach einer neuen Welt macht auch nicht Halt vor den fremden Essgewohnheiten anderer Kulturen. Es gibt kein Tabu mehr. Es wird verspeist, konsumiert, was der Moment hergibt. Auch fremde oder ekelerregende Kost. Alles entwickelt sich, wie er es selbst in der Rückschau beschreibt, zur Flucht aus dem Gewöhnlichen.

Als er durch sonderbare Umstände in den Besitz einer Karte kommt, auf der eine Insel, genauer gesagt der Strand der Vollkommenheit und Perfektion eingezeichnet ist, entwickelt sich dieses außergewöhnliche und paradiesische Ziel zum Objekt all seiner Sehnsüchte und Träume. Opferbereit nimmt er den letzten Weg auf sich. Die erste Überraschung: Richard muss sehr schnell feststellen, dass er nicht der Einzige auf der Suche nach dem letzten Paradies dieser Welt ist. Er begibt sich in die Gesellschaft Gleichgesinnter. Der Weg scheint eine einzige Prüfung für die »Berufenen« zu sein. Mehrfach müssen sie dem Tod ins Angesicht schauen. Irgendwann aber, nach einer entbehrungsreichen Reise, kommen sie gemeinsam ans Ziel. Da liegt er vor ihnen: »Der weiße Strand der Träume«. Es folgt die zweite Überraschung: Auch hier befindet sich schon längst eine Gruppe von Menschen, die vor Richard zum Strand der Träume aufgebrochen sind. Richard fügt sich, um Teil dieser Gesellschaft werden zu können, ein in ihre selbst verfassten Regeln, die das Überleben und die soziale Ordnung garantieren sollen. Die Grundregel lautet: Hüte das Geheimnis dieser Insel. Denn das Paradies hat nicht Platz für alle und jedermann.

Hoch, sehr hoch sogar ist der Preis dafür, das Geheimnis zu hüten. Krankheit schleicht sich ein, ein unvorhergesehenes Unglück, ein Unfall. Niemand ist in erreichbarer Nähe zur Linderung der Schmerzen und Pflege der Kranken. Schmerz und Krankheit stören das Bild der heilen Welt am weißen Strand unter Palmen. So entwickelt sich der Ort der Privilegierten, die sich abschirmen vom Rest der Welt, zu einem Ort unvermittelter Härte und Grausamkeit. Es ist kaum noch zu ertragen, was sich einmal als Paradies geboten hat. Letztlich scheitert das ganze Unternehmen, so absurd es sich auch anhören mag, an den Sünden seiner Bewohner, an dem bewussten Überschreiten der Regeln, an Krankheit und Tod – eben an der Realität dieser Welt. Als Richard gegen Ende des Filmes über seine Erfahrungen nachdenkt, kommt er zu folgendem Schluss: »Das Paradies ist kein Ort, zu dem man hingehen kann. Es geht um das Gefühl, das man hat, wenn man ein Teil von ihm gewesen ist, und wenn man das weiß, bleibt es unvergesslich.«

Der Film deckt überraschende Wahrheiten auf. Richard steht meiner Meinung nach für uns alle. Es muss nicht unbedingt der Frust auf eine gesamte Kultur sein, der einen veranlasst, manchmal am liebsten Reißaus nehmen zu wollen. Das Paradies oder die Erfüllung letzten Glücks auf dieser Erde wird von uns doch besonders dann herbeigesehnt, wenn uns die Umstände des Gewöhnlichen dazu verleiten. Meistens schmücken wir unseren Wunsch aber mit ganz anderen Argumenten, denn Schmerz und Krankheit und ganz sicherlich der Tod können wohl kaum Attribute des Paradieses sein.

Wir versuchen immer wieder ganz offensichtlich vor den Schattenseiten, den verschuldeten und unverschuldeten Problemen und Sorgen unseres Daseins zu fliehen. Und wir wissen ja, dass das Glück, das Paradies, immer gerade dort ist, wo wir nicht sind.

Wie Richard gegen Ende des Filmes in der Rückschau seiner Erfahrungen zusammenfasst, bedeutet der Weg zum Paradies nicht eine lokale Veränderung. Vielmehr scheint es das Bewusstwerden geschenkter Momente eines Glücks zu sein, das die Nähe eines paradiesischen Zustandes spüren lässt. Mehr noch: Eine andere wichtige Botschaft liefert Richard schon zu Beginn seiner Reiseerzählung: »Man hofft und träumt, dass einem etwas Außergewöhnliches passiert. Und wenn es dann kommt, ist man überrascht, dass es so normal ist.«

Wer auszieht, das Paradies zu suchen, wird es nur in der banalen Realität des Lebens finden und zwar in der Annahme von Freud und Leid gleichermaßen wie in der Annahme von Krankheit, Schmerz und Tod. Richard sagt weiter: »Mache die Erfahrung, und wenn sie weh tut, ist sie es wahrscheinlich wert.« Alles das, was unser Leben ausmacht, Licht und Schatten, Sünde und Reinheit, Irrweg und Umkehr, sind Teile eines ganzheitlichen Konzepts, das wir Leben nennen.[76] So schwer manche Momente den Menschen auch tatsächlich niederdrücken und an den Rand der Verzweiflung bringen können. Ich möchte aber auch aus eigener Erfahrung sprechen, wenn ich sage, dass manche vergossene Träne durchaus das Wasser der Klarheit sein kann, das den Ruß aus den Augen unseres Alltags zu waschen vermag. Dazu gehört das Zulassen von Erfahrungen, die zu neuen Erkenntnissen und Horizonten führen, die aber nicht über das Leben dieser Welt hinausreichen, sondern im Gegenteil gerade hineinreichen. Wie viele Menschen konnten nach durchgestandenen Stunden selbst schlimmster seelischer und

[76] Siehe dazu das Schlusskapitel »Die kleine Münze«.

körperlicher Qualen eine ungeahnte Quelle eines Willens in sich spüren, das Leben dennoch zu gestalten? Und fanden in diesem Leben ihr Leben. Und wie viele Menschen könnten mit diesen ihren Erfahrungen, wenn wir die Mauer von Angst und Schweigen endlich durchbrechen könnten, anderen Stützpfeiler und Orientierungshilfe sein? Ist nicht jeder Mensch in seiner Originalität ein Denkmal und wert, von der Einmaligkeit des ereigneten persönlichen Lebens auch den anderen zu erzählen? Und keine Sorge: Es gibt kein Besser oder Schlechter in der Bewertungsskala menschlichen Lebens. Jedes Leben steht im Entwurf Gottes als einmalig und kostbar dar; es ist die Frage, was wir daraus gemacht haben mit den anderen oder auch mit uns selbst.

Der Film »Der weiße Strand der Träume« weist noch auf einen ganz anderen Aspekt hin. Der Traum vom Paradies oder vielmehr die Erfahrung dessen, was so nach dem Bericht Richards wohl nur im »Normalen« berührt werden kann, verweist auf die Natur des Menschen. Im Bewusstsein unserer Endlichkeit vergessen wir immer wieder, dass wir jetzt schonTräger des Ewigen sind, das in uns keimt und nur darauf wartet, in dieser Welt Gestalt zu bekommen. Nicht die Flucht aus der Welt führt in das Paradies, sondern die konkrete Annahme dieser Welt. Wer vor der Welt und vor sich wegläuft, verliert zuletzt auch sich selbst. Wer dem Leben ins Auge schaut, gewinnt die Einsicht, trotz mancher Schmerzen, an der Schwelle einer neuen Welt, einer neuen Hoffnung zu stehen, an der er oder sie mitbauen muss. Jeder von uns ist ein unverzichtbarer Bestandteil einer neuen Welt.

Und siehe, es war gut, sagt uns die Bibel. Sie beschönigt die schlechten Züge dieser Welt nicht. Aber sie malt inmitten des Chaos, denn die Erde wurde aus dem Chaos geboren, mit den Farben des Lebens ein Bild der Hoffnung und Fülle. Und was Jesus mit dem Himmelreich, der anbrechenden Gottesherrschaft den Menschen mit auf den Weg gegeben hat, ist nichts anderes als der endzeitliche Entwurf des Paradieses, das genauso im Hier und Jetzt gründet. Und das ist sehr gut! In die Verantwortung gerufen für die Welt und für das Leben wird jeder Einzelne ein unersetzbarer lebendiger Baustein einer neuen Welt. Ebenso auch einer neuen Hoffnung, die von Gott erzählt. Vielleicht sind wir als lebendige Christen die letzte Bibel, aus der man heute noch liest.

Petrus und der Schlüssel

Die biblische Person des Simon Petrus gehört sicherlich zu den interessantesten Personen des Neuen Testaments. Gerade er hat wohl wie kaum ein anderer die Gemüter der Menschen so sehr bewegt und zu Gedanken und Meditationen über seine Person inspiriert. In Petrus kann man so herrlich den Menschen entdecken, wie er auf der Suche nach Gott ist. Seine durch und durch menschlichen Züge erlauben es, sich in fast allen Lebenslagen mit ihm zu identifizieren. Man muss ihn einfach gern haben, ja man kann ihn geradezu lieb gewinnen, wie er auf seiner so unnachahmlichen Art den Hörern und Lesern bildhaft vor Augen geführt wird. Dabei spielt die Beziehung zu dem Prediger Jesus von Nazareth die entscheidende Rolle, aus der sich die Bedeutsamkeit des Menschen Petrus erschließt. Er war schlichtweg der »Arbeiter von nebenan«. Der Mann aus dem kleinen Dörfchen Betsaida in den gallilläischen Bergen nahe dem See Genezareth hatte es in dem schon damals bedeutsamen Hafenstädtchen Kapernaum, der Wahlheimatstadt Jesu, zu einer eigenen »Fischereiflotte« gebracht. Fleißig wird er gewesen sein, geschäftstüchtig dazu.

Die Überreste des Hauses, das man als das Familienhaus des Petrus vermutet, sind heute Besuchern zugänglich. Hier wurden wohl die Geschäfte geführt, hier wurde gelebt und gearbeitet. Hier heilte Jesus die Schwiegermutter des Petrus.[77] Von hier aus brach er täglich zu seinem Arbeitsplatz, dem Hafen und dem See, auf. Man möchte sagen, dass immer da, wo Petrus auftauchte, es niemals langweilig wurde. Wenn es nicht gerade um das Gewerbe ging, den Handel mit Fisch, das Flicken der Boote oder das Anheuern von Arbeitern, war er sicherlich neben der familiären Einbindung

[77] Mt 8, 14 - 15.

ein gefragter und geschätzter Ratgeber zur Arbeitsmarktlage, zu allerhand geschäftlichen und politischen Tagesthemen. Wer weiß, vielleicht wurde hier an diesem Ort einfach »nebenher« so manches Thema über Gott und die Welt ausgetauscht unter dem Motto: »Und Petrus, was sagst du dazu?« ... Kein Wunder, dass hier irgendwann auch Jesus aufkreuzen und damit das Leben des Fischers durchkreuzen würde. Jesus war das Handwerker-Milieu nicht fremd. Entstammte er doch selbst einer Handwerkerfamilie. Und wie gerne sich Jesus in solchen Kreisen aufhielt, durchaus privaten und eng freundschaftlichen Kontakt pflegte, schimmert an so manchen Stellen im Neuen Testament durch.[78] Jesus hatte Zeit genug zur Beobachtung des Mannes Petrus – er sah auf ihn und sah sein Herz. Jesus wagte es, auf die zweifelnde Kraft eines Menschen zu bauen, der sich nicht immer als der Fels in der Brandung erwies. Dabei denke ich auch an die Stunde im Abendmahlssaal, als Jesus zu Petrus sagte: »Ich habe für dich gebetet, dass dein Glaube nicht wanke. Und wenn du dich bekehrt hast, dann geh und stärke deine Brüder.«[79] Die Beziehung zwischen den beiden ist nicht nur harmonisch gewesen. Konfliktreich, manchmal sogar geladen scheint es hergegangen zu sein. Manches in der Lehre

[78] Die enge Freundschaft zu den Geschwistern Maria, Martha und Lazarus von Bethanien, unweit von Jerusalem, zeugt von Jesu sozialer Einstellung und Bindung. Vgl. Lk 10, 38 - 42 oder Joh 11, 1 - 44.

[79] Lk 22, 32.

und den Taten Jesu schien nicht in das Denken von Petrus zu passen. Wie oft habe ich selbst an den ausgegrabenen Treppenstufen des in der Nähe vermuteten Hauses des Hohenpriesters Kajaphas in Jerusalem, die ohne Zweifel vom zitternden Petrus in der Nacht von Gründonnerstag beschritten wurden, an die Begegnung und die Blicke dieser beiden gedacht.[80] Zwei unterschiedliche Charaktere prallten aufeinander. Aber gerade in der Auseinandersetzung mit Jesus erfahren wir die menschlichen Akzente, die den Mann aus Kapernaum so liebenswert machen. Das, was sich andere nicht auszusprechen trauen, bringt Petrus ans Tageslicht. Denn in der Tat war es selbst für die engsten Freunde und Begleiter nicht immer einfach, Jesus bis in die Tiefe seines Herzens zu begreifen. Mit der ungeduldigen und pragmatischen Art eines Fischers versuchte Petrus immer wieder, den Poeten und Geschichtenerzähler Jesus auf den Boden der menschlichen Realität zu holen. Er wollte ihn verstehen! Petrus, der auf Grund seiner Erfahrung und beruflichen Stellung zum Wortführer der Nachfolgegemeinschaft Jesu wurde, musste sich oft in die Schranken weisen lassen.[81] Aber gerade diesem Petrus wurde an den Quellen des Jordan die *Schlüssel*verheißung seines Lebenszeugnisses buchstäblich in die Hand gegeben.[82]

80 Vgl. dazu Joh 18, 12 - 27.
81 Vgl. Mt 16, 21 - 23.
82 Mt 16, 13 - 20.

Provokant versetzt Matthäus in seinem Evangelium die machtvoll wirkende Schlüsselübergabe an Petrus in den grünen und vegetationsreichen Norden nach Cäsarea Philippi. Das Matthäus-Evangelium wurde ursprünglich für so genannte Judenchristen geschrieben, und die versteckte Botschaft wurde von diesen auch direkt verstanden. Die Juden verbanden mit dem Ort Cäsarea Philippi zum einen die immer noch nicht untergegangene, sporadische Verehrung fremder Gottheiten. An einem der Hauptquellen des Jordan befand sich das ehemalige Panheiligtum, das unter König Herodes zum Gefallen der Römer und zum Missfallen der Juden prachtvoll ausgebaut worden war.

Dem griechischen Mythos zufolge verband man mit dem Gott Pan das Tor zur Unterwelt.[83] Diese Auffassung beeinflusste auch den jüdischen Glauben eines höllenartigen Abstiegs in den als Festungsanlage gedachten Bereich des Todes. Mit der Ankündigung Jesu »Du bist Petrus, und auf diesen Felsen werde ich meine Kirche bauen, und die Mächte der Unterwelt werden sie nicht überwältigen«[84] verstand der Jude die Aussage Jesu in seiner besonderen Bedeutung sofort. Jesus selbst erhob sich über fremde Gottheiten hinweg zur göttlichen Instanz

[83] Wörtlich liest man im griechischen Urtext des Evangeliums bei der Schlüsselübergabe an Petrus »die Pforten des Hades«. Im Hebräischen stand dafür das Wort »Scheol«. Die Tore des Hades verschlingen bildlich gesprochen den Toten und erinnern den Menschen an seine Vergänglichkeit.

[84] Mt 16, 18.

und nimmt den Sieg über Leben und Tod in seiner Person vorweg. Gleichzeitig wandelt er in Petrus als den Türhüter und Schlüsselhalter die Pforten der Unterwelt in die Pforten des Himmels als Aufbruch in das Leben. Vergänglich ist der Mensch, das ist wahr, aber zum Leben bestimmt und nicht für den Tod. Eine gewaltige Vorstellung, die sich an diesem Ort vollzieht!

Da sich ganz in der Nähe eine der prachtvollen Residenzen des Tetrachen Herodes Antipas befand, provoziert das Matthäus-Evangelium auch in dieser Hinsicht. Jesu Herrschaftsbereich erstreckt sich am Ende über Himmel, Erde und Unterwelt,[85] und keine irdische Macht kann sich mit dieser Macht messen.

Dass die aus dieser Schriftstelle bezeugte besondere Rolle des Petrus, die er aus den Händen seines Herrn übertragen bekam, von Anfang an in der Kirche enormen Eindruck hinterlassen hat, ist nur verständlich.

Dennoch ist zu fragen, wie es zu der überwältigenden Rollenzuweisung des Petrus an diesem historischen Ort überhaupt kam. Vorausgegangen war sicherlich eine mehrfach entfachte Diskussion über die Person Jesu. Die Frage, wer dieser Zimmermannssohn mit den in seinen Predigten wiederkehrenden oftmals »gottähnlichen« Ansprüchen wohl sei, wird seine Begleiter in Atem gehal-

[85] Vgl. dazu den berühmten Christushymnus im Philipperbrief, den der Apostel Paulus bei seinen Besuchen in den jungen Gemeinden gehört und in seinen Brief mit aufgenommen hat. Phil 2, 5 - 11.

ten haben. Die Frage ist durch die zwei Jahrtausende der Kirchengeschichte immer aktuell geblieben.[86] Wie schwierig es oftmals bleibt, sich zu Jesus als dem »Sohn Gottes« zu bekennen und gleichzeitig die Fragen seiner Abstammung und seiner bleibenden Bedeutung für alle Menschen zu diskutieren, erfahren wir doch alle viel zu sehr. Umso mehr wird es für die junge Nachfolgegemeinschaft schwierig gewesen sein, tagtäglich den aus ärmlichen Verhältnissen stammenden Jesus abschätzen zu können. Petrus hält es mit den vielen Spekulationen nicht mehr aus. Sein Gemüt und sein Grundvertrauen Jesus gegenüber führen schließlich zu einem der zentralen Bekenntnisse der Kirche: »Du bist der Messias, der Sohn des lebendigen Gottes!« Vielleicht war Petrus später selbst von sich überrascht. Vielleicht musste er selbst seinem zweifelnden Herzen einmal Luft verschaffen und die Flucht nach vorne antreten, um vor sich selbst Klarheit zu gewinnen. Der Verweis Jesu, dass diese Sicht- und Glaubensweise des Petrus die Frucht einer inneren Auseinandersetzung mit den oben skizzierten Fragen ist, lässt das geheime Wirken Gottes in den Tiefen des Menschen erkennen.[87]

Wichtig bleibt festzuhalten, dass auf das Bekenntnis des Petrus die berühmte »Schlüsselübergabe« folgte. Seitdem wird Petrus in den Abbildungen der Kunst der Schlüssel als Attribut und Erkennungszeichen beigegeben. Dennoch ist klar, dass es hier nicht um ein Stück

[86] Siehe auch dazu die Ausführungen in Kapitel 3.
[87] Vgl. Mt 16, 17.

Metall geht, sondern um die auf*schluss*reiche Bedeutung des Schlüssels in den Händen eines Menschen.

Der Glaube an seinen Herrn bewegte Petrus zu ungeahnten Erkenntnissen. Im Glauben an Jesus, der in seinen reichen Bildern den fernen Gott den Menschen menschlich nahe gebracht hat, erschlossen sich Petrus neue Horizonte. Die Weite von Gottes Gedanken, die im menschlichen Denken immer nur ver*schlüsselt* erahnt und gedacht werden kann, bringen den Fischer Petrus in eine niemals zuvor gekannte Position – vor sich selbst und vor den anderen und damit letztlich auch vor Gott. Petrus beginnt das Abenteuer Gottes an Leib und Seele zu spüren. Trotz seiner menschlichen Grenzen – als gläubiger Jude kannte er wohl die Schriften, war aber kein Schriftgelehrter – erfährt Petrus göttliche Berührung. Der Schlüssel zum Verstehen des ungewöhnlichen Gottes ist in Petrus selbst zu suchen. Er war bereit, sich durch Jesu Wort und Tat öffnen, auf*schließen* zu lassen. Genau das hat Jesus an Petrus durchschaut und erkannt. Jesus hatte sich in Petrus, dem manchmal wohl raubeinigen Mann von den Ufern des Sees, nicht getäuscht. Und darum schätzte Jesus diesen Petrus in seiner Offenheit und Bereitschaft, sich den lebenswichtigen Fragen zu stellen. Selbst dann, wenn es unter den beiden durchaus »krachte«. Im Ringen um den eigenen Glauben und seine Identität vor Gott gewann Petrus den Schlüssel zum Verstehen und bekam so den Vorsitz, der sich in der Schlüsselgewalt ausdrückt. Gottes

Langmut im Spiegelbild des Jesus von Nazareth, der sich auf den Petrus einlassen kann, holt den Menschen immer da ab, wo er oder sie gerade im Leben steht.

Wohl kaum ein Amt auf dieser Welt kann von diesem Blickwinkel her gesehen mit einer solch überwältigenden Schlüsselposition aufwarten. Was sich bei Petrus existenziell ereignet hat, wird zur Aufgabe und Verantwortung für die vielen, die wie er auf der Suche nach Gott sind. Den Schlüssel zum Glauben an Gott lebendig von Generation zu Generation weiterzureichen, die Erfahrungen der Menschen, die sich wie Petrus manchmal über Abgründe bewegen und oft die eigene Zerbrechlichkeit offenbaren, sind der Reichtum und der Schatz der Kirche. In ihnen ereignen sich immer wieder aufs Neue sämtliche Versuche, Gott als den Unbegreiflichen zu erfassen. Der Schlüsselvorsitz aller Amtsinhaber bis auf den heutigen Tag *einschließlich*, die im Namen Gottes sprechen, kann daher nur als ein Vorsitz vor der Achtung und dem Respekt der unzähligen Gedanken der Menschen verstanden werden, die auf der redlichen Suche nach Gott sind. Es ist ein Vorsitz in der Wahrheitssuche,[88] die in der Stunde von Cäsarea Philippi zum Auftrag Petri und damit zum Auftrag

88 Seltsamerweise bewahrheitet sich die unglaubliche Formulierung »Beim Streit um die Wahrheit, bleibt der Streit die einzige Wahrheit«. Niemand kann von sich sagen, allein in der absoluten Wahrheit zu stehen. Das Ringen um die Wahrheit in Respekt und Achtung offenbart den Gang der Gedanken durch die Geschichte der Menschen, in denen Gott zum Menschen sprechen will.

seiner Nachfolger wurde.[89] Es ist ein Vorsitz der Liebe. Ignatius von Antiochien, der um das Jahr 110 in seinem Brief an die Römer die Kirche von Rom als »Vorsitz der Liebe« bezeichnete, wusste sicherlich, wovon er sprach. Denn mit dem Vorsitz des Glaubens in dieser Schlüsselrolle muss notwendigerweise der Vorsitz in Verständnis und der Liebe zusammenwohnen. Beides ist nicht voneinander zu trennen. Ein Glaube ohne Liebe wäre nicht mehr der Glaube Jesu Christi.

Dem aufmerksamen Besucher des Petersdoms in Rom, wo Petrus der Überlieferung nach für seinen Glauben sein Leben ließ, erwartet in der Apsis dazu ein bedeutungsvolles Symbol: der leere Thron des Petrus. Keine triumphale Darstellung eines schlüsselgewaltigen und herrschenden Mannes, sondern ein im übertragenen Sinne verwaister Stuhl. Vier Kirchenlehrer, zwei aus dem Osten, zwei aus dem Westen, tragen gemeinsam einen leeren Thron aus vergoldeter Bronze, in dem ein Stuhl aus dem 9. Jahrhundert eingeschlossen ist, den man einst für die cathedra Petri gehalten hat. Auch wenn Petrus nachweislich nicht selbst auf diesem Stuhl gesessen hat, öffnet dieser den Blick auf das Geheimnis des Mannes vom See Genezareth. Das Suchen und Ringen nach letztgültiger Gewissheit von Gott und die damit verbundene Lehre des christlichen Bekenntnisses verschont den Einzelnen nicht davor, selbst wie Petrus das Messiasbekenntnis zu sprechen, um

89 Vgl. dazu 1 Kor 1, 26 f.

somit den Schlüssel zum Himmel in Empfang nehmen zu können. Diesen Schlüssel anzunehmen und weiterzureichen, Glauben zu finden und den Schwestern und Brüdern auf der Glaubenssuche behilflich zu sein, ist wahre kirchliche Gemeinschaft im Sinne ihres Gründers.

Die Menschen wollen glauben, dass habe ich selbst immer wieder voller Überraschung erfahren. Wenn sie den Schlüssel zu einem froh machenden und befreienden Glauben nicht mehr in den Kirchen finden, wird dies zur härtesten Hinterfragung ihrer Daseinsberechtigung. Wenn die Suche nach dem »Mehr« im Leben der Menschen nicht in einer Fluchtbewegung einer reinen Erlebnisgesellschaft oder in esoterischen Räumen eines Privatglaubens welcher Art auch immer enden soll, dann ist dies die den Kirchen gebotene Stunde, sich auf ihre Schlüsselfunktion in der Verantwortung vor Gott und den Menschen überprüfen zu lassen. Weniger das Reden über Jesus, sondern vielmehr das Reden von Ihm und das bezeugende Tun führen zu einer Veränderung im Bewusstsein der Menschen in Bezug auf Gott und die Welt.[90] Es kann wohl kaum einen kostbareren Schlüs-

90 Susanne Heine, ev. Professorin für Praktische Theologie in Wien, überschrieb ihre Thesen zu einem Perspektivenwechsel in den Kirchen mit »Nicht Gott retten, sondern den Menschen«. Gott bedarf nicht unserer Sorge. Es geht um den Menschen, der auf Grund der Verheißung Jesu zum Leben berufen ist. Diese Sorge ist die Schlüsselsorge jeglichen kirchlichen Tuns.

sel geben im Sinne des Gründers der Kirche, als ganz Kirche zu werden und zu sein, wenn sie als bescheidene und demütige Schwester zur Trägerin eines Glaubens wird, den sie nicht aus sich selbst hat. Dieser Schlüssel hält das je Größere offen und garantiert Wachstum. Denn das, was zum Wachstum des Reiches Gottes im Hier und Jetzt führt, ist nicht unsere Stoßkraft, sondern unsere Leuchtkraft. Es ist nicht die Macht, die wir besitzen, sondern der Geist der Bewegung über alle Grenzen hinweg.

Im Exultet, dem Osterjubel der Kirche, das Jahr für Jahr in der Osternacht angestimmt wird, wird die Kirche mit einem alten Bild, dem der Mutter, verglichen. Denn in der Osternacht, der Nacht der Auferstehung des Herrn, gebärt die Kirche im Glauben neue Töchter und Söhne und vereint sie zu einer großen Familie, die sich gemeinsam auf der Wanderschaft befindet. Hierin wird sie Kirche auf der Suche nach dem Schlüssel des Glaubens zur Wegbegleiterin in Liebe und Verstehen. Vielleicht dürfte man auch den Osterjubel in dieser Hinsicht einmal erweitern, in dem wir anstimmen:

»Darum freue dich, Schwester Kirche, die du den Menschen zur Seite gegeben bist, um im Auftrag ihres Herrn den Schlüssel für die Pforten des Lebens durch die Generationen weiter zu reichen.«

Josef von Nazareth – Bruder des Lebens

Er ist wohl der bekannteste und populärste Heilige der Kirchengeschichte. Und ich möchte behaupten, dass es wohl keinen Haushalt ohne eine Josefsfigur gibt: Jede Krippendarstellung wäre ohne den Mann an der Seite Marias einfach unvollständig. Seine Gewandung in der Kunst ist eindeutig: Ein brauner Umhang weist auf die Erdverbundenheit, auf den Mann aus dem Volk hin. Seine Attribute sind das Winkelmaß, für den Beruf des Zimmermanns, die Lilie, für Reinheit oder Keuschheit, manchmal der Jesusknabe. Der scheinbare Gegensatz von äußerer Bedeutungslosigkeit und höchstem inneren Adel sind ein Spezifikum der Person Josefs, die ihn so einmalig macht.

Sonderbar ist, dass er in den Evangelien an keiner Stelle mit wörtlicher Rede vertreten ist. Kein von ihm überliefertes persönliches Wort. Zum Schweigen verurteilt wird er der Mensch des Abwägens, des Nachdenkens, der Träume und dann der entschiedenen Tat. Als »Heiliger des schweigenden Gehorsams und der gewissenhaften Pflichterfüllung« wird im Laufe der Geschichte die Person des Heiligen Josef gedeutet und ausgelegt. Josef wird als mächtiger Fürbitter und Helfer in allen Notlagen verehrt und angefragt, auf Grund seiner durch die Evangelien so tiefgehend erzählten Geschichte von Flucht, Zweifel,

Ängsten und Sorgen. Im Jahr 1870 wird er zum Schutzpatron der katholischen Kirche erhoben. Zugleich ist er der Schutzpatron der einzelnen Familien, des berufstätigen Volkes, der 1. Mai als Tag der Arbeit ist eigentlich ein Tag des Heiligen Josef, sowie Schutzpatron der kinderlos gebliebenen Menschen und der adoptierten Kinder. Er ist der stille Begleiter der sterbenden Menschen.

Die Evangelisten berichten, dass sein Vater Jakob oder Heli genannt wurde und aus dem Geschlecht, aus dem verwandtschaftlichen Umkreis des Königshauses David stammte. Ein Mann aus dem Herzen des Volkes Israel also, der zeit seines Lebens ein einfacher Handwerker blieb. Der Name Josef selbst stammt aus dem Hebräischen und heißt in der Übersetzung so viel wie »der Vermehrer«. Was aber ist dem Mann aus Nazareth allenthalben zur Vermehrung geblieben, wenn er seine Bedeutung für die Menschen von heute nicht gänzlich einbüßen soll? Wer war er oder ist er wirklich? Zu gerne würde ich diesen Josef selbst einmal hören, ihm von Herzen zuhören, wenn er erzählte, was man alles so aus ihm gemacht hat. Er ist der Bekannteste, doch leider auch der Verkannteste, wie ich vermute. Ein Mann, seiner Kraft, seiner Männlichkeit beraubt, auf den Sockel eines Unberührbaren gehoben, auf dem es ihm genommen ist, seinen Platz unter den Leuten auf der Straße einnehmen zu dürfen.

Für mich ist Josef seit Kindertagen eine der interessantesten Gestalten, was mit der Josefsdarstellung in meiner

Heimatkirche zusammenhängt, mit der ich gewissermaßen aufwuchs. Die Ursprünge meiner Rebellion gegen ein verzerrtes und verbogenes Josefsbild sind hier zu suchen und wurden im Laufe der Jahre im Vergleich mit den »Josefs der Kunst« nur gefestigt. Daher möchte ich von unserem »bergischen Josef« aus der Kirche im Bergischen Land kurz erzählen. Unauffällig, dem Blick der meisten Kirchenbesucher am Wochenende entzogen, hat er sein zu Hause – wo wohl auch sonst? – in einer Nische. Die kleinen Kerzen, die man auch in seiner Nähe als Symbol für ein stilles Gebet entzünden kann, können nie mit dem »Flammenreichtum« vor seiner Frau Maria mithalten, die man frontal zu ihm auf der gegenüberliegenden Seite besuchen kann. (Die Unterhaltung der beiden in der Stille der Nacht wäre sicherlich sehr aufschlussreich …) »Unser« Josef ist so untypisch, wie wohl kaum ein Josef sein kann. Die aus der Barockzeit stammende Holzplastik zeigt einen vollbärtigen, ein wenig breitbeinig stehenden Mann, dessen Arme weit geöffnet sind. Sein Umhang nimmt diese Bewegung auf und gibt ihm so einen unruhigen Gesamteindruck. Dieser Josef ist kein in sich Gekehrter, er ist eindeutig ein Kämpfer. Er will sich mitteilen, er will erzählen.

Bei einer Restaurierung in den 90er Jahren, als man unter der grün-braunen Farbgebung Spuren der Originalfassung fand, wurde ihm sein prächtiges Äußeres zurückgegeben. Rötlich durchzogenes Orange und Blau zeichnen ihn nun aus. Er wurde so »unjosefhaft«, dass man sich deshalb wohl entschloss, ihm den prachtvollen Heiligenschein nicht mehr aufzusetzen. Auch der neue Wanderstab in seiner Linken, der Originalgegenstand aus alter Zeit ist nicht mehr vorhanden, der diese Figur als Josef retten soll, kann längst nicht mehr darüber hinwegtäuschen, dass dieser Josef nie ein Josef war. Das märtyrerhaft schimmernde Rot und der Prediger-gestus der ausgestreckten rechten Hand sprechen eine andere Sprache: Es war einmal ein Paulus, in dessen Linke sich einmal ein Schwert befand, Hinweis auf den Märtyrertod in Rom. Wie es zu der Verwechslung kam, ob bewusst oder unbewusst, ist der freien Spekulation überlassen. (Wie interessant wohl das Dreiergespräch zwischen Maria, Josef und Paulus in Personalunion zu nächtlicher Stunde wohl ausgehen könnte ...)

Dennoch kann ich dieser Statue, die sich nunmehr seit gut 200 Jahren dem Kirchenbesucher als Josef präsentiert, so viel abgewinnen. Vielleicht passte ein kämpferischer Josef ja auch viel besser in eine von Armut geprägte, ländliche Gegend. Vielleicht gelang es dem Heiligen Josef hier endlich einmal, bildlich gesprochen, aus vorgefertigter Norm auszubrechen und in eine andere, für ihn lebendigere Rolle zu schlüpfen. Der geheime, undogmatische »Rollentausch« des Heiligen Josef meiner Heimat erzählt von einer anderen Seite des Mannes aus Nazareth. Er gibt ihm seinen mannhaften Charakter zurück, den er in so mancher verweichlichter Darstellung verlor. Dieser Josef holt sich das Recht zurück, einmal als ganzer

Josef betrachtet zu werden. Dieser Josef lässt sich nicht einfach zum Schweigen verurteilen, weil er weiß, was Leben wirklich bedeutet. Und davon will er erzählen. Was musste er denn zu Lebzeiten alles in Kauf nehmen, vor dem mancher Mensch zurückschreckt? Da ist die bittere Enttäuschung, dass sein Mädchen, der seine Liebe gilt, ein fremdes Kind unter dem Herzen trägt. Entgegen den Plänen eines Mannes aus dem Leben zu Beginn einer Familiengründung schlägt sie einen für ihn unbekannten Weg ein. Sie ging im wahrsten Sinne des Wortes, wie wir heute zu sagen pflegen, »fremd«. Ein fremder Weg, der ihm zum Rätsel wurde.

Eine Folge von Enttäuschung und Fragen an das Leben reihen sich an. Fragen – ausgesprochene oder sehr wahrscheinlich nie ausgesprochene Fragen – an seine Lebenspartnerin. Fragen an seinen Gott: »Was hast du mit mir und meinem Leben vor?« Vielleicht auch Anklage, zumindest Unverständnis auf Grund der niemals endenden Abfolge der die Einheit der Familie bedrohenden Geschehnisse. Dem Machtkalkül der Obrigkeit ausgesetzt zieht er mit seiner hochschwangeren Frau gemäß dem Lukas-Evangelium nach Bethlehem, wo sie in Armut, degradiert und ausgesondert wie Obdachlose oder Asoziale, ihr Kind zur Welt bringt.[91] Eine lieblich besungene Weihnachtsidylle hat es für Josef nie gegeben! Ich kenne bis heute kein Lied, das davon berichtet, wie

[91] Vgl. Lk 2, 1 - 20.

dieser Mann zu seiner Frau und dem, wie es die Bibel darstellt, ihm fremden Kind stand. Er stellt sich vor Maria und schützt sie vor Gesellschaft und Gesetz, die eine Frau mit solcher Vergangenheit verstoßen, sogar zum Tod verurteilen kann.[92] Seine Liebe ist so konsequent, dass er die Flucht ins Ausland, nach Ägypten, auf sich nimmt.[93] Niemals in Ruhe, ständig auf der Wanderschaft, ständig auf der Suche, sogar mit dem fast schon pubertierenden Sprössling nach einer Wallfahrt in Jerusalem.[94]

Das Bild der Heiligen Familie mit dem Vater Josef an der Hobelbank, dem jungen Jesus das Handwerk lehrend, und einer lieblich zuschauenden Mutter entbehrt jeder Wirklichkeit. Dies hat es nie gegeben, es ist sogar unbiblisch. Diese Familie ist so sehr Familie wie jede andere mit ihren Sorgen und Problemen auch. Näher an der Wirklichkeit ist das Bild einer Familie, die nicht anders als die Familien dieser Welt und zu allen Zeiten in der Auseinandersetzung und Spannung menschlichen Lebens zwangsläufig um das Überleben kämpfen muss. Wenn sie denn als Familie überhaupt noch um den Zusammenhalt kämpfen will.

Aber dass sie nicht zerbrochen ist, die Familie, die Partnerschaft, die Ehe mit seiner Frau, dass das Leben Marias nicht zerbrach, auch nicht Josefs eigenes Leben und das

[92] Vgl. Mt 1, 18 - 25.
[93] Vgl. Mt 2, 13 - 15.
[94] Vgl. Lk 2, 41 - 52.

Leben des heranwachsenden Jesu, der sich als Kind, als Jugendlicher, als junger Mann auf das Leben vorbereitete und seinen eigenen Plänen nachging, ist meiner Meinung nach Josefs großer Verdienst. Die Größe des Handwerkers Josef, sein eigentlicher Adel, ist die Weite seines Geistes. Er ergab sich nicht einfach seinem Schicksal, er nahm das Leben als Aufgabe ernst und deshalb selbst in die Hand. Sein hinhörendes Wesen lässt sein Vertrauen in Gott vermuten, welches unaussprechbar auf die Probe gestellt wurde.

An einem Mann wie Josef lese ich ab, wie man um seinen Glauben ringen muss an den manchmal so schwer zu verstehenden Gott mit seinem nur so schwer zu durchleuchtenden Willen. Der Mann aus Nazareth teilt das Los vieler Menschen auf Vertreibung und Flucht, er ist aber auch Beispiel für das Bekenntnis zu Frau und Sohn, über die man auf der Straße und in der Nachbarschaft oft gespottet hat. Gerade das Bekenntnis zu seinem Sohn zeichnet ihn aus. Wie wohltuend sind daher manche anderen klassischen Josefsdarstellungen, die ich dem Lebensinhalt dieses Mannes gemäß für gelungen halte. Sie zeigen einen Mann, der sich hinter seinen Sohn stellt. Er selbst nimmt sich scheinbar zurück und bleibt einer, der seinem Kind den Rücken frei hält. Mehr noch, er legt die Hand auf die Schulter des jungen Jesus, eine tiefe, unmissverständliche Geste.

Wie viele Menschen, wie viele Kinder und gerade auch Jugendliche auf dieser Welt warten auf die Liebe ihrer Eltern, warten auf die Zuneigung eines Menschen, der sie auf den Weg in das Leben führt und dabei hält? Die seelische Not der Heranwachsenden habe ich gerade als Lehrer in den Schulen deutlich zu spüren bekommen. Josef aus Nazareth hat sich dem Leben gestellt, dem eigenen und dem seiner Anvertrauten. Sein Beispiel zeigt die konkrete Aufgabe, suchenden Menschen die Hand auf die Schulter zu legen. Sie entlässt niemanden aus der Verantwortung für die Menschenschwestern und -brüder, ob im spirituellen oder weltlichen Bereich. Sie appelliert besonders an die Männer dieser Welt, die Väter, den heranwachsenden und pubertierenden Jugendlichen, die ihre Krisen bewältigen und Lebensräume erobern müssen und dadurch so schwer zu verstehen sind, die Weite eines »Josefsherzens« zu schenken. Manchmal eben nicht durch Worte, sondern durch Taten.

Josef ist auf seine Art Urbild der Kirche. Gerade die junge Kirche überzeugte durch Lebenshaltung und Lebenshandlung. Sie war eine *Weg*religion, die man in Ermangelung eines Namens eben diesen Titel gab: der neue Weg. Erst im griechischen Antiochia gab man den Anhängern des »neuen Weges« den Namen ihres Gründers »Christen«.[95] Nicht die Beschaulichkeit allein hätte die Menschen der damaligen Zeit so überzeugend zu Christen werden lassen. Es waren die Beispiele zupackender Menschen, die sich und andere in ihren Lebenskrisen nicht sich selbst überließen, sondern ansteckend

[95] Apg 11, 26.

wirkten. Frauen und Männer wie Josef eben erzählten anschaulich, wie das Leben gelebt werden kann. Gleichsam »menschliche Bibeln«, die zu lesen und es ihnen gleich zu tun sich lohnten. Von daher ist er zu Recht der Patron der Kirche, des Kirchenvolkes genau so wie der Amtsinhaber. Ein gut situiertes, verbeamtetes Christentum bzw. *Amts*priestertum muss sich daher genau überlegen, wie weit sich Wort und Tat am Beispiel ihres Patrons messen lassen.

Im Matthäus-Evangelium heißt es schlicht und klar, dass Josef »gerecht« war.[96] Eine alttestamentliche Auszeichnung für das, was wir »Heilig« nennen. Heilig steht hier für Verständnis, für das Annehmen und Erörtern der Fragezeichen im Leben. Für das Umsetzen der Gedanken in die konkrete Handlung. Für eine »josefinisch-brüderlich-geschwisterliche« Zuneigung zu allen, die zu allen Zeiten an den Rand von Gesetz und Gesellschaft gedrängt worden sind und gedrängt werden. Im Lebensbild des Heiligen Josef verstehe ich die Definition von Heiligkeit im oben beschriebenen Sinne wieder neu, weil er vor dem Leben nicht davonlief. Dieses Lebenswerk gehört erzählt, gehört den Ohren aller – das macht der untypische Josef aus meiner Heimat in der Nische mit seinem Predigtgestus so überzeugend deutlich.

Vielleicht ist es an der Zeit, an dieser Stelle für die vielen

[96] Mt, 1, 9.

»Josefsmenschen« unter uns einmal Danke zu sagen. Ohne sie, ohne ihr Verständnis und die Weite ihres Herzens, ohne ihre Geduld und Aufmerksamkeit wäre unsere Welt bedeutend ärmer. Weil diese Menschen uns wirklich Raum zum Wachsen schenken. Weil sie uns in Zeiten von Not, Krankheit oder Orientierungslosigkeit nicht allein lassen. Danke!

Zum Schluss: Die kleine Münze

Alles im Leben hat immer seine zwei Seiten – so oder so. Vielleicht gibt es tatsächlich keine Situation, keine Erfahrung, keine Resultate im Leben, denen wir nicht mit zweierlei Sichtweisen begegnen können. Bei meiner Suche nach dem (gelingenden) Leben und dem Beschreiten dieser Wege bis auf den heutigen Tag kann ich mittlerweile nur noch sagen, dass niemals der letzte Schluss in *Ein*deutigkeit gegeben ist. Oder ist es gerade dieses: dass die Erkenntnis zweier, in Resonanz stehender »Hälften«[97] erst die Ganzheit ausmachen – und damit die umfassende Dynamik des Lebens?

Nachdenklich darüber wurde ich am Strand von

97 »Hälfte« definiere ich daher nicht als »halbe Sache«, sondern als eine in sich abgerundete Größe – als einen Teil eines Ganzen.

Rügen, als ich den Wellen des Wassers zusah, die sich seit Milliarden von Jahren einer unaufhörlichen Bewegung hingeben. Und dabei musste ich über Folgendes nachdenken: »Hast du meinen Schlüsselbund gesehen?« – mit diesen Worten begrüßte mich einmal ein guter Freund nervös und ein wenig aufgelöst an seiner Haustüre. Den ganzen Morgen und den vorherigen Abend hatte er schon nach seinem Schlüsselbund gesucht. Wichtige Schlüssel, Zentralschlüssel und Autoschlüssel inklusive, waren verschwunden. Familienangehörige und Sekretärin wurden mittlerweile schon in die Suche einbezogen. So auch ich. Doch unser ganzes Bemühen blieb erfolglos. Und die Schlüssel blieben dann auch tatsächlich über Wochen verschwunden. Wie sehr eine solche Nachforschung nach eigentlich materiell unbedeutenden Stücken – die damit verbundene Konsequenz einmal beiseite gelassen – den Alltag lähmen kann, wird mancher erzählen können. Kommt dann zusätzlich der Verlust wertvoller Güter – materiell oder sogar geistig – hinzu, entstehen Lücken nicht wägbarer Größe.

Auch die Heilige Schrift kennt Geschichten von verlorenen Gütern: Gegenständen, Tieren und Menschen. Die Gleichnisse vom verlorenen Sohn,[98] dem verlorenen Schaf[99] oder der verlorenen Drachme[100] stehen beispielhaft dafür. Aber sie stehen nicht für sich allein. Durch

[98] Lk 15, 11 - 32.
[99] Lk 15, 1 - 7.
[100] Lk 15, 8 - 10.

die literarische Gattung *Gleichnis* wollte der Geschichtenerzähler Jesus von Nazareth den Menschen eine dahinter liegende Botschaft zugänglich machen: Immer wieder zeigt sich wie ein roter Faden in diesen Geschichten die aufwändige Geduld der Suchenden bis zu ihrem Ziel, das Verlorengegangene wieder in den Händen zu halten. Wer einmal voller Unruhe nach etwas gesucht und Ausschau gehalten hat, wird die Intention dieser Geschichten Jesu, die dann auch noch mit einer inhaltsschweren Deutung wie die Suche nach dem Himmel in Beziehung gesetzt werden, sicherlich gut verstehen.

Für mich jedoch besagt die Suche nach der verloren gegangenen Drachme[101] mehr als nur die Suche nach einem herkömmlichen Gebrauchsgegenstand. Sicherlich, für eine Frau in den damaligen orientalischen Verhältnissen entsprachen zehn Drachmen[102] einem recht ansehnlichen Vermögen. Die Symbolkraft der kleinen Münze aber spricht eine doppelte Sprache im wahrsten Sinne des Wortes. Der finanzielle Wert tritt dabei meiner Meinung nach in den Hintergrund. Wie oft sprechen wir von der »Kehrseite der Medaille« oder der »anderen Seite der Münze« …?

Warum lässt Jesus ausgerechnet nach einer einzigen Münze suchen? Warum nicht von vorneherein nach

101 Kleine Silbermünze im Wert eines Viertelschekels, entspricht einem Denar, in heutiger Währung zirka 25 Euro.
102 Vgl. Lk 15, 8.

allen zehn Drachmen? Das weitere Leben der Frau, über deren familiären Umstände wir nichts Näheres erfahren, dürfte von dem Verlust einer einzigen Münze nicht sonderlich tangiert worden sein. Eine kleine Münze also spielt die Hauptrolle in einem kleinen Drama. Denn der Geschichte zufolge wird die Frau das ganze Haus auf den Kopf gestellt haben, um das Geldstück wieder zu finden. Anschließend lädt sie sogar auf einen »Kaffeeklatsch«, um den Nachbarinnen und Freundinnen von der erfolgreichen Suche zu erzählen.[103]

Vielleicht aber deckt die kleine Silbermünze mehr auf – und sie erzählt von der anderen Seite, der Kehrseite der Medaille. Denn ein noch so kleines Geldstück hält die gewichtige Information der »zwei Sichtweisen« des Lebens für den in der Hand, der zwischen den Zeilen zu lesen beginnt. Immer und immer wieder werden wir nämlich auf der Suche nach letztgültigen Aussagen auf die andere Seite verwiesen, die in Entsprechung zur einen Seite die Fülle des Ganzen ausmacht: Tag und Nacht – Werden und Vergehen – Kommen und Gehen – Vergangenheit und Zukunft – wie im Großen so im Kleinen – Freude und Leid – Leben und Tod. Wie viele Paare scheinbarer Gegensätze könnten an dieser Stelle aufgezählt werden, die sich am Ende aber weni-

103 Vielleicht darf an dieser Stelle vermutet werden, dass der orientalischen Gastfreundschaft zufolge, bei dieser Zusammenkunft ein Teil des Geldes ohnehin wieder ausgegeben wurde.

ger ausschließen als vielmehr die Erkenntnis bereichern, sogar zu einer umfassenden Seinsanalyse führen. Es gibt nicht das »Eine« ohne das »Andere«. Wenn es so wäre, stünde diese Welt mitsamt ihren Prozessen in Bruchteilen von Sekunden still. Das Leben als Ganzes ist in umfassender Weise von der Bewegung her definiert und wird daher nie in Einseitigkeit oder Eingleisigkeit verlaufen. Genauso erfährt es der Einzelne immer wieder. Wie kann denn Freude tief und erfüllt erfahren werden, wenn nicht die Erfahrung des Leidens und des Schmerzes – ohne das Leid als Ziel des Menschen schön sprechen zu wollen[104] – zur Erkenntnis echter Freude führt? Wie kann denn das Leben als schön und lebenswert empfunden werden, wenn nicht dann auch der Tod einen Sinn im und für das Leben hat?

Die kleine Münze der uns unbekannten Frau aus dem Gleichnis der Bibel weist eine Grundwahrheit auf, die von jedem Einzelnen von uns erst einmal gekannt und aufs Neue erlernt werden muss. Einseitigkeit führt demnach in den Stillstand. Nur die Offenheit auf den zweiten Blick bewahrt die Dynamik des Ganzen, die unter Umständen erst einmal ausgehalten werden will. Ohne Zweifel, bequem ist die Auffassung eines solchen Lebensprinzips nicht. Aber eine erlösende, eine enorm befreiende für den, der sich nicht mit den *ein*fachen,

[104] Siehe dazu die Gedanken in Kapitel 2 »Das Kreuz mit dem Kreuz«.

immer geltenden und somit auch verführerischen Antworten begnügt.

Die Unschätzbarkeit jener Münze, die diese Frau veranlasst das ganze Haus – vielleicht sogar das ganze Leben (?) – auf den Kopf zu stellen, drückt sich dann in dem Wesen des Erzählenswerten aus, das einer Verkündigung an Freunde und Nachbarn gleicht. Kann es nicht sein, dass diese Erkenntnis den Menschen zu einer neuen, ungeahnten Freiheit führt, weil er erkennt, dass ein Umweg niemals ein Irrweg, das Dunkel niemals ohne Licht, das Ende niemals ohne einen neuen Anfang ist?

Wir Christen behaupten, dass Gott diese – genau diese und keine andere gedanklich konstruierte – Welt ins Leben rief und dass er diese Welt in seinen Händen hält. Viele, auch Nichtchristen, teilen diese Auffassung vom Willen des in die Schöpfung eingegebenen Sinns einer Bewegung auf ein Ziel hin: Gott selbst. Nichts kann daher sinnlos sein. Vielmehr beweist meines Erachtens die Erkenntnis von der Doppeldeutigkeit der Dinge die Großzügigkeit Gottes,[105] der zu allem sein jeweiliges Pendant gegeben hat, um im Kreislauf des Werdens jedem und jeder somit Chancengleichheit aufzuzeigen.

Der Schreiber des Buches Kohelett im Alten Testament der Bibel brachte dies in kaum übertreffbarer Weise

[105] Gott ist so ein Gott der Gleichzeitigkeit und der Gleichseitigkeit; zu Hause in den Tiefen des Meeres im Bauch des Walfisches und im Schreiten über dem Wasser (Jona 2, 1 - 4 und Mk 6, 45 - 50).

so zum Ausdruck: »Alles hat seine Stunde. Für jedes Geschehen unter dem Himmel gibt es eine bestimmte Zeit: eine Zeit zum Gebären und eine Zeit zum Sterben, eine Zeit zum Pflanzen und eine Zeit zum Abernten der Pflanzen ...«[106] Wir wären gut beraten, wenn wir den Gezeiten Gottes die wandelnde und gestaltende Kraft zugestehen und beginnen, mit doppelter Sichtweise zu sehen und daraus das Leben anzunehmen.[107] Schon so manche kleine Münze in unseren Geldbörsen kann uns daran tagtäglich erinnern, denn auch das Streben nach materiellem Reichtum bleibt letztlich hohl, wenn nicht geistiger Reichtum den Menschen von innen füllt. Frei ist, wer sich erlaubt, diese Gedanken zu denken.

[106] Koh 3, 1 ff.

[107] Vgl. die Ausführungen in Kapitel I »Wer bist du, Gott?«

»Ocean of Light« – In Mood feat. Juliette

Mit dem folgenden Lied verbinde ich in den Zeiten, als ich selbst an den Rand meiner eigenen Welt kam und die richtigen Worte zu einem Gebet nicht mehr fand, Stunden der Tränen, der Fragezeichen und des Aufbegehrens. Aber auch eine tiefe innere Sicherheit, gehört und angehört zu werden, ob in dieser oder in einer anderen Welt. Verbunden mit der unstillbaren Hoffnung auf Wendung, auf Zeichen eines neu anbrechenden Morgens: den Hauch göttlichen Atems wieder unter den schwach gewordenen Flügeln zu spüren.

Step by step my life went down.	*Schritt für Schritt ging es mit meinem Leben bergab.*
Only troubles all around.	*Überall um mich herum nur Unheil.*
It seemed to me that darkness has no end.	*Die Dunkelheit schien mir kein Ende zu nehmen.*
I used to climb the mountains high.	*Ich war es gewöhnt, die hohen Berge zu erklimmen.*
I thought that I can reach the sky.	*Ich dachte, ich könne an den Himmel reichen*
Searching for another promised land.	*Auf der Suche nach einem anderen Land der Verheißung.*

Refrain:

Only heaven heard my cry.	*Allein der Himmel hörte mein Flehen.*
I prayed the Lord to take me high.	*Ich bat den Herrn, mich hochzuheben.*
Now he is the wind beneath my wings,	*Jetzt ist er der Wind unter meinen Flügeln,*
now I can fly.	*jetzt kann ich fliegen.*
Come and give me your hand (come on).	*Komm und gib mir deine Hand (auf geht's).*
I' ll show you the land (come on)	*Ich werde dir das Land (auf geht's)*
of your dreams in the night	*deiner Träume in der Nacht zeigen,*
we will fly side by side.	*wir werden Seite an Seite fliegen.*
Let me open your heart (come on),	*Lass mich dein Herz öffnen (auf geht's),*
give your life a new start (come on),	*gib deinem Leben einen neuen Anfang (auf geht's),*
turn the rivers of tears to an ocean of light!	*verwandle die Flüsse der Tränen in einen Ozean des Lichts!*
Walking in the darkest night,	*Ich wanderte durch die dunkelste Nacht,*
looking for a guiding light,	*suchte nach einem mich führenden Licht.*
I found the meaning of my life today.	*Ich fand den Sinn meines heutigen Lebens.*
Always knew I' ve got to	*Wusste immer, dass ich*

fight	*kämpfen musste*
for a holy star that shines so bright	*für einen heiligen Stern, der so hell leuchtet,*
even if it's only a heartbeat away.	*auch dann, wenn er nur einen Herzschlag entfernt ist.*

Refrain:

Only heaven heard my cry.	*Allein der Himmel hörte mein Flehen,*
I prayed the Lord to take me high.	*ich bat den Herrn, mich hochzuheben.*
Now he is the wind beneath my wings,	*Jetzt ist er der Wind unter meinen Flügeln,*
now I can fly.	*jetzt kann ich fliegen.*
Come and give me your hand (come on),	*Komm und gib mir deine Hand (auf geht's).*
I'll show you the land (come on),	*Ich werde dir das Land (auf geht's)*
of your dreams in the night	*deiner Träume in der Nacht zeigen,*
we will fly side by side.	*wir werden Seite an Seite fliegen.*
Let me open your heart (come on),	*Lass mich dein Herz öffnen (auf geht's),*
give your life a new start (come on),	*gib deinem Leben einen neuen Anfang (auf geht's)*
turn the rivers of tears to an ocean of light!	*verwandle die Flüsse der Tränen in einen Ozean des Lichts!*

Ocean of light.	*Ozean des Lichts.*
Now I know I'm not alone.	*Nun weiß ich, dass ich nicht allein bin.*
Faith in love has made me strong.	*Der Glaube an die Liebe hat mich stark gemacht.*
I've got a friend who gave me a helping hand.	*Ich habe einen Freund, der mir eine helfende Hand reichte.*

Refrain:

Only heaven heard my cry.	*Allein der Himmel hörte mein Flehen.*
I prayed the Lord to take me high.	*Ich bat den Herrn, mich hochzuheben.*
Now he is the wind beneath my wings,	*Jetzt ist er der Wind unter meinen Flügeln,*
now I can fly.	*jetzt kann ich fliegen.*
Come and give me your hand (come on).	*Komm und gib mir deine Hand (auf geht's).*
I'll show you the land (come on),	*Ich werde dir das Land (auf geht's)*
of your dreams in the night	*deiner Träume in der Nacht zeigen,*
we will fly side by side.	*wir werden Seite an Seite fliegen.*
Let me open your heart (come on),	*Lass mich dein Herz öffnen (auf geht's),*
give your life a new start (come on),	*gib deinem Leben einen neuen Anfang (auf geht's)*
turn the rivers of tears to an ocean of light!	*verwandle die Flüsse der Tränen in einen Ozean des Lichts!*

Come and give me your
hand (come on).
I'll show you the land
(come on),
of your dreams in the night

we will fly side by side.

Let me open your heart
(come on),
give your life a new start
(come on),

turn the rivers of tears to an
ocean of light!

Komm und gib mir deine
Hand (auf geht's).
Ich werde dir das Land (auf
geht's)
deiner Träume in der Nacht
zeigen,
wir werden Seite an Seite
fliegen.
Lass mich dein Herz öffnen
(auf geht's),
gib deinem Leben einen
neuen Anfang (auf geht's),
verwandle die Flüsse der
Tränen in einen Ozean
des Lichts!

Schlusswort

»Was ich noch zu sagen hätte, dauert eine Zigarette und ein letztes Glas im Steh'n ...«[108], so singt Reinhard Mey in einem seiner Lieder. Dieser Satz ist schon zum geflügelten Abschiedswort für so manche Begegnung unterschiedlichster Art geworden. So jedenfalls erlebe ich es immer wieder. In der Tat bleibt immer vieles offen, manchmal ein weiterer, letzter Gedanke, der darauf wartet, weitergedacht und -getragen zu werden.

Die Sammlung von Bildern, Geschichten und Gedanken in diesem Buch wollen dies in ihrem kleinen Rahmen in etwa auch. »ich bin so frei« bedeutet eben, im Gedachten niemals einen Abschluss zu suchen, sondern dem Geist immer wieder Raum und Zeit für neue, abenteuerliche Perspektiven zu geben. Unser Glaube, der Glaube Jesu Christi, der Glaube an die verborgene Gegenwart eines leitenden Gottes in dieser Welt, ist ein schöner Glaube.

Allen Leserinnen und Lesern, den bekannten und unbekannten, die mit mir anhand dieser Geschichten ein Stückchen des Weges gegangen sind, auf den ich durch meine Brille schaue, sage ich ein Dankeschön für Interesse, Herzschlag und auch kritisches Nachdenken.

Mein Wunsch ist, dass Ihnen immer wieder neu die

[108] Aus dem Lied »Gute Nacht, Freunde« von Reinhard Mey.

Erfahrung eines Neuanfangs geschenkt wird, auch wenn äußere Umstände das Gegenteil nahe legen mögen.

In uns selbst liegen der Beginn und die Kraft, neue Schritte ins Leben zu tun. Wie sagte der Widerstandskämpfer Alfred Delp einmal: Gott geht alle Wege mit. Gerade dieser Glaube vermag die Welt immer wieder neu in einem anderen Licht zu sehen. Nicht immer scheint die Kraft dafür auszureichen, doch der Einsatz, der Kampf lohnt sich.

Wir sind Kinder unserer Zeit und dieser Welt und können uns aus dieser Verantwortung nicht entlassen, weil wir Teil dieses Lebens sind. Daher gibt es kein Zurück, nur einen Weg nach vorn.

Gehen Sie diesen, Ihren individuellen Weg weiter im Vertrauen auf das Leben, auf die Sprache des Herzens.[109]

Die schönste Erfahrung dazu in meinem Leben ist die, dass ich von meinen guten Freunden nie ganz allein gelassen wurde. Ein Geschenk des Himmels, wie ich finde. Darum danke ich meinem Gott, mit ganzem Herzen, mit ganzer Seele und mit all meinen Gedanken.[110]

109 So vertraute der Fuchs dem kleinen Prinzen sein Geheimnis an: »Man sieht nur mit dem Herzen gut«, Antoine de Saint-Exupéry: Der kleine Prinz, Karl Rauch Verlag, Düsseldorf, S. 72.

110 Vgl. Mt 22, 37b.

Danke sagen möchte ich noch …

Am Ende dieses Buches möchte ich aus ehrlichem Herzen heraus *Danke sagen.*

Danke für die Inspiration, für kritisches Hinterfragen, für das Lektorat, die Korrektur, für manchen Tipp, für die Ermutigung.

Beim Schreiben meiner Gedanken wurde mir noch einmal deutlich, wie viel ich auf meinem Lebensweg anderen ver*danke*!

Danke dafür, dass mir wirklich so viele den Weg in die Freiheit und damit zu meiner eigenen Person immer wieder aufgezeigt und ermöglicht haben.

Danke meinen Eltern, meinen Geschwistern und der ganzen Familie.

Danke meinen echten und wahren Freunden.

Danke meinem Gott, der in Wahrheit alles in allem ist!